好习惯
让孩子终身受益

万莹 著

天津出版传媒集团

天津科学技术出版社

图书在版编目（CIP）数据

好习惯让孩子终身受益 / 万莹著. — 天津：天津科学技术出版社，2022.7（2023.10 重印）

ISBN 978-7-5742-0140-8

Ⅰ.①好… Ⅱ.①万… Ⅲ.①习惯性–能力培养–儿童读物 Ⅳ.① B842.6-49

中国版本图书馆 CIP 数据核字（2022）第 106016 号

好习惯让孩子终身受益
HAO XIGUAN RANG HAIZI ZHONGSHEN SHOUYI

策划编辑：杨 譞
责任编辑：宋佳霖
责任印制：兰 毅

出　　版：	天津出版传媒集团
	天津科学技术出版社
地　　址：	天津市西康路 35 号
邮　　编：	300051
电　　话：	（022）23332490
网　　址：	www.tjkjcbs.com.cn
发　　行：	新华书店经销
印　　刷：	河北松源印刷有限公司

开本 880×1 230　1/32　印张 6　字数 160 000
2023 年 10 月第 1 版第 2 次印刷
定价：38.00 元

前言
P R E F A C E

习惯的力量无比巨大，它经年累月地影响着人的生活态度、思维方法和行为模式，甚至左右一生成败。孔子说："性相近也，习相远也。"《汉书·贾谊传》中说："少成若天性，习惯如自然。"这两句话的意思就是：人的本性是差别不大的，由于后天传习的不同才相差甚远；小时候培养的品格仿佛天生就有的，长期养成的习惯则好像完全出于自然。

教育就是培养习惯，而养成良好的习惯，可以让孩子受益一生。所谓好孩子，一定是有好习惯的孩子，所谓有问题的孩子，一般都是坏习惯很多的孩子。一个坏习惯可能使人丧失良机，而一个好习惯则可能使人走向成功。习惯是人生之基，而培养孩子良好习惯的神圣责任，责无旁贷地落到了家长的身上。

其实，许多父母已经开始重视孩子的习惯培养，可是为什么效果不明显呢？问题在于有些父母还是将其当成了空洞的说教，而忽略了习惯培养是一套科学的教育方法,需要按照科学的规律来做才会见效。

培养好习惯,首先要引导孩子对养成某个习惯产生兴趣、认同和信心,然后明确行为规范,让孩子对养成某个好习惯的具体标准清清楚楚;下一步就是坚持不懈的行为训练,让孩子由被动到主动再到自动;最后还要及时评估和奖惩,让孩子在成功的体验中养成好习惯。

本书概括了孩子需要从小养成的好习惯,从学习好习惯、生活好习惯、自律自制好习惯、与人交往好习惯、品德修养好习惯几个方面进行了生动阐述。每节都结合教育案例来寻根究底,针对不同的问题给家长支招。所阐述的方法都是贴合现代孩子学习生活实际的,将道理融入生动的故事当中,使家长便于操作,孩子乐于接受。

播下一种思想,收获一种行为;播下一种行为,收获一种习惯;播下一种习惯,收获一种性格;播下一种性格,收获一种命运。愿天下的父母都能抓住习惯培养这个根本,为孩子一生的发展和健康快乐打下良好的基础。

目录

序

习惯能成就一个人，也能够摧毁一个人　　2
成功的习惯重在培养　　3

第一章
学习好习惯：自主学习，乐在其中

让孩子乐于记忆　　8
让孩子勤于思考　　11
让孩子倾心想象　　15
告诉孩子可以玩，但作业必须完成　　18
鼓励孩子每天写一点东西　　20
培养孩子珍惜时间的好习惯　　25
要让孩子养成善于提问题的习惯　　30
孩子在学习上要保持动机适度　　33
培养自主学习力需要家长适当放手　　35
让孩子没有负担地质疑老师　　38

父母做表率，孩子爱读书　　　　　　　40

第二章
生活好习惯：注重细节，健康成长

别怕劳动会累着孩子　　　　　　　　44
教育孩子要勤俭节约　　　　　　　　49
让孩子成为真正的动手操作者　　　　54
让孩子养成良好的卫生习惯　　　　　58
不断强化孩子积极参与的意识　　　　63
有意识地培养孩子的自立能力　　　　67
让孩子对体育运动产生兴趣　　　　　73
让孩子主动不挑食　　　　　　　　　76
帮孩子改掉丢三落四的毛病　　　　　80
不要让孩子做"电视土豆"和"网瘾君子"　82
教会孩子自我保护　　　　　　　　　86

第三章
自律自制好习惯：我能管好自己

教孩子学会抵制诱惑　　　　　　　　90
在哪里跌倒，就在哪里爬起来　　　　93
鼓励孩子遇到困难自己想办法解决　　96
让孩子有意识地为自己负责　　　　　101

让孩子把一件事情坚持做下去　　　　103
让孩子学会延迟满足　　　　　　　　107
帮助孩子纠正拖拉的毛病　　　　　　110
让孩子尝尝"自作自受"的后果　　　　113
自控能力需要从小培养　　　　　　　115
让孩子尝到坚持收获的果实　　　　　118

第四章
与人交往好习惯：一个好汉三个帮

从小培养孩子善于交际的能力　　　　122
让孩子学会尊重别人　　　　　　　　125
鼓励孩子多与人接触　　　　　　　　128
在社会活动中培养孩子的合作精神　　131
教孩子聪明勇敢地说"不"　　　　　134
教孩子学会与人分享　　　　　　　　137
让孩子学会赞美别人　　　　　　　　140
教孩子专心倾听别人说话　　　　　　142
让孩子多和同龄人交朋友　　　　　　146

第五章
品德修养好习惯：有素质人人爱

增强孩子的羞耻心　　　　　　　　　150

欣赏孩子的善良和有爱心	153
让孩子讲信用、负责任	156
以身作则，培养诚实的孩子	158
培养孩子的孝心	160
教孩子学会宽容	165
让孩子知道谦虚使人进步	169
培养孩子助人为乐的品格	173
对不正常的占有欲要及时纠正	178

序

习惯能成就一个人，也能够摧毁一个人。

有一个猎人，他在一次打猎中捡回一只老鹰蛋，回到家里，他把老鹰蛋和母鸡正在孵的鸡蛋放在一起。

没过多久，小鹰和小鸡一起出世了。在母鸡的照顾下，小鹰很开心地和小鸡们生活在一起。

小鹰当然不知道自己是一只鹰，它和小鸡们一样学习鸡的各种生存本领。母鸡也不知道它是一只鹰，母鸡像教育其他小鸡那样教育小鹰。这只小鹰一直按照鸡的习惯生活。

在它们生活的地方，不时有老鹰从空中飞过。每当老鹰飞过时，小鹰就说："在天空飞翔多好啊，有一天我也要那样飞起来。"

听它这么说，母鸡每次都要提醒它："别做梦了，你只是一只小鸡！"

其他小鸡也一起附和："你只是一只鸡，你不可能飞那么高！"

被提醒的次数多了，小鹰终于相信它永远不可能飞那么高。小鹰再看到老鹰飞过时，它便主动提醒自己："我是一只小鸡，我不可能飞那么高。"

就这样，这只鹰到死那一天也没有飞翔过——虽然它拥有翱翔蓝天的翅膀和体格。

可见，习惯虽小，却影响深远。你可以遍数名载史册的成功人士，哪一个人没有几个可圈可点的习惯在影响着他们的人生轨迹呢？当然，习惯人人都有，我们的惰性和惯性会使我们不止一次地重复某些事情，而经常反复地做也就成了习惯，比如爱笑的习惯、吝啬的习惯，甚至于饭前洗手的习惯，等等。习惯有大有小，有好有坏，林林总总。

事物总是一分为二，凡事都有其两面性。习惯也是一样，有正面就有负面。正面的是好习惯，好习惯有助于我们的成功；而负面的是坏习惯，坏习惯则导致我们的失败。

例如，礼貌是一种好习惯，走到哪里都能够彬彬有礼、以礼相待的人一定会深受欢迎，拥有这种习惯的人则容易成功；相反，失礼就是一种坏习惯。

微笑是一种习惯，可以预先消除许多不必要的怨气，化解许多不必要的争执，而老是板着面孔的人走到哪里都会制造紧张气氛。

所以说，习惯决定命运。习惯是通往成功的最实际的保证，习惯也是通向失败的最直接的通道。

成功的习惯重在培养

学者特尔曼从1928年起对1500名儿童进行了长期的追踪研

究，发现这些"天才"儿童平均年龄为 7 岁，平均智商为 130。成年之后，又对其中最有成就的 20% 和没有什么成就的 20% 进行分析比较，结果发现，他们成年后之所以产生明显差异，其主要原因就是前者有良好的学习习惯、强烈的进取精神和顽强的毅力，而后者则甚为缺乏。

孩子从小养成良好的习惯，能促进他们的生长发育，更好地获取知识，发展智力。良好的学习习惯能提高孩子的活动效率，保证学习任务的顺利完成。从这个意义上说，它是孩子今后事业成功的首要条件。

但是习惯是从哪里来的呢？

习惯是自己培养起来的。当你不断地重复一件事情，最后就有了应该和不应该，开始形成了所谓的真理，但是你还有更多的事情没有接触到。

习惯应该是你帮助自己的工具，你需要利用自己的习惯来更好地生活，如果哪个习惯阻碍了你实现这样的目标，那么就该抛弃这样的坏习惯。

下面是培养良好习惯的过程与规则：

1. 在培养一个新习惯之初，把力量和热忱注入你的感情之中。对于你所想的，要有深刻的感受。记住：你正在采取建造新的心灵道路的最初几个步骤，万事开头难。一开始，你就要尽可能地使这条道路既干净又清楚，下一次你想要寻找及走上这条小径时，就可以很轻易地看出这条道路来。

2. 把你的注意力集中在新道路的修建工作上，使你的意识不再去注意旧的道路，以免使你又想走上旧的道路。不要再去想旧路上的事情，把它们全部忘掉，你只要考虑新建的道路就可以了。

3. 可能的话，要尽量在你新建的道路上行走。你要自己制造机会来走上这条新路，不要等机会自动在你跟前出现。你在新路上行走的次数越多，它们就能越快被踏平，更有利于行走。一开始，你就要制订一些计划，准备走上新的习惯道路。

4. 过去已经走过的道路比较好走，因此，你一定要抗拒走上这些旧路的诱惑。你每抵抗一次这种诱惑，就会变得更为坚强，下次也就更容易抗拒这种诱惑。但是，你每向这种诱惑屈服一次，就会更容易在下一次屈服，以后将更难以抗拒诱惑。你将在一开始就面临一次战斗，这是重要时刻，你必须在一开始就证明你的决心、毅力与意志力。

5. 要确信你已找出正确的途径，把它当作你的明确目标，然后毫无畏惧地前进，不要使自己产生怀疑。着手进行你的工作，不要往后看。选定你的目标，然后修建一条又好、又宽、又深的道路，直接通向这个目标。

你已经注意到了，习惯与自我暗示之间存在着很密切的关系。根据习惯而一再以相同的态度重复进行的一项行为，我们将会自动地或不知不觉地进行这项行为。例如，在弹奏钢琴时，钢琴家可以一面弹奏他所熟悉的一段曲子，一面在脑中想着其他的事情。

自我暗示是我们用来挖掘心理道路的工具，"专心"就是握住这个工具的手,而"习惯"则是这条心理道路的路线图或蓝图。要想把某种想法或欲望转变成为行动或事实之前,必须忠实而固执地将它保存在意识之中,一直等到习惯将它变成永久性的形式为止。

第一章

学习好习惯:
自主学习,乐在其中

让孩子乐于记忆

"你记忆,因为你热爱!"这是亚里士多德的父亲教导孩子的妙语。

公元前384年,亚里士多德出生于希腊斯塔吉拉城一个著名的医生家庭。在孩子10岁那年,父亲被任命为马其顿国王的首席医生。老父亲一无后台,二无背景,完全依靠技术起家,因而有一种极强的个人成就感。他非常珍惜自己的技术成就,并且希望将来孩子能够子承父业,当一名高级技术人员,不仅将技术作为终身职业,而且还要将技术作为安身立命和延续家庭血脉的超级法宝。

为了让孩子能够子承父业,从亚里士多德5岁起,父亲就开始教他背诵医疗书籍,例如药品配方、治疗手段,等等。可是弄来弄去,孩子专靠死记硬背,把那些医书上的知识记诵了一阵子,很快就忘掉了。后来老父亲想了一条妙计,他发现孩子对眼前看得见的活生生的东西非常有兴趣,而且记得挺牢固,就从药柜里拿出许多药品实物,一样一样叫孩子识记,看一样就记一样,而且各种药品的颜色、气味、形态,各有不同,很容易引起孩子的兴趣。父亲还如数家珍似的讲述每一样药品的生长地的风土人情，使孩子听得两只眼睛都直瞪瞪地发亮，这种方法在现代被称为直观记忆法。当时印刷术不发达，书写工具也比较缺乏，学习医学的主要手段就是依靠记忆。几千种药品、几千个药方，还有数以百计的治疗方法，全靠医生花费几年或者十几年的时间记忆，所以全靠实物记忆显然是不够的，还得培养孩子其他的记忆能力和记忆手段。

老父亲为了延续家庭的医脉，还想出各种高招来培养孩子的记忆，这类多手段全方位的综合记忆法，在当时就被称为"亚里士多德记忆法"。说有一天，父亲带孩子上西西里岛游玩，那是一方阳光灿烂的音乐之乡，到处都是能歌善舞的民间歌手，游人只要往篮子里投一个铜板，歌手就会为你唱一支妙不可言的民歌。于是老父亲灵机一动，专门请了个民间歌手当仆人，一边料理家务，一边教孩子唱歌。小亚里士多德借着铿锵动听的节奏，一下子就能把歌曲背得滚瓜烂熟。这就是音乐记忆法，在当时就是一种流传很广的很好的学习记忆方法。

老父亲发现孩子迷上了雕塑，当时希腊的雕塑技艺精湛，城里有大大小小数十家雕塑铺子，匠人只要看一阵子图画，就可以依照图画制作出活灵活现的雕塑式样。于是老父亲就叫孩子到雕塑铺子里去拜师学艺，学习那些匠人惊人的记忆力，这就是色彩记忆和线条记忆。

每年4月4日，雅典城都要举行艺术狂欢节，演出3天大戏，城里男女老少倾城出动,去卫城大剧场看戏。亚里士多德特别爱看戏,早在3月柳枝发芽的时候,他就会一天一天计算日子,催促爸爸带他上卫城剧场看戏。雅典的大戏每天演出三场,大约10小时,而孩子却全然忘了疲劳,从早到黑看得津津有味,还能把许多台词背诵出来。由于大戏的内容讲的都是特洛伊英雄的故事,而老父亲早已把《荷马史诗》背得滚瓜烂熟,他就同儿子签订一个协议,每天晚上父亲给儿子讲一个特洛伊英雄故事,条件是儿子必须将故事情节复述出来。这在现代被称为语言记忆,同样也是培养记忆力的最好方式。由于日复一日地复述故事,儿子的记忆力非常优异。他不仅把父亲的医书阅读到了过目能诵的程度,而且还记住了哲学和数学方面的许多知识。他把每一个例题仔仔细细琢磨一遍,再去记诵有关例题的公式,例如毕达哥拉斯定理。这就叫作理解记忆。

由于有了父亲从小精心培养的惊人的记忆力,亚里士多德广泛涉猎了政治学、戏剧学、心理学、医学、物理学、数学各个学科,并且广有成就,被历史学家称为"百科全书式的学者",最后还当上了马其顿王子亚历山大的老师。

记忆力、观察力、注意力、思维力、想象力,这是孩子智力的五大构件。要让孩子出类拔萃,必须下定决心培养上述五大智能。

古代教育把记忆力作为最基础的技能加以训练,这是因为古代书写工具极不发达,信息保存手段相当贫乏,所以人的大脑就成了最重要的信息资料数据库，记忆量的大小也就成为学问高低的重要标志。

在现代，记忆力同样是学生学习的基本能力。目前中小学主要是学习基础知识，而基础知识的主要获得手段就是识记，所以记忆力好的学生往往就是成绩最优异的学生。

记忆力不是才能，也不是天生的，是经过努力才能获得的方法。有了这种信念，相信你的孩子会对记忆力的培养充满信心。

让孩子勤于思考

"我思故我在。"这是法国哲学家笛卡尔的传世名言。

直到现在，我们依然能感受到这位伟大思想家的思想光彩。笛卡尔的成功离不开家教成就的高超的思维能力。

1596年，笛卡尔出生于法国风景迷人的拉艾小城。他父亲是布列塔尼最高法院的法官，地位显赫。可他本人却很不幸，从小就失去了慈爱的母亲，因而父亲就独自承担了抚养孩子的重担。

小笛卡尔5岁开始接受正规教育，8岁开始学习欧洲最深奥的学问"经院哲学"，属于那种大器早成的孩子。可他有一个不大不小的毛病，特别喜欢睡懒觉。平时他晚上看书看得很迟，早上就泡在热烘烘的被窝里思考书上的问题。有人认为这是一个缺点，时不时地笑话笛卡尔，但是笛卡尔的父亲认为这是孩子的一个特点，他支持孩子说："你有独立的思想就有独立的人格，根本别在乎人家说些什么。"

父亲特别注意培养孩子的思维习惯和思维能力，他告诉孩子说："财产是靠不住的，再富的家庭也延续不了三代。权力也是靠不住的，再显赫的家庭也同样延续不过三代。像法国最有权势的人物希龙，威风了两代人也就让皇帝给贬掉了。最重要的是靠自己，靠自己的学识和才智，这才是最具有长久生命力的东西呀！而要获得这些，关键是要学会独立思考问题，具有思维能力。"

笛卡尔9岁的时候，父亲带他到勃艮第公爵家做客，公爵家刚从非洲买回来一群鸵鸟，每一只都是健壮无比和奔跑如飞的庞然大物，上面还能骑小孩子呢。有人说："别看这鸵鸟长得又高又壮，其实是胆小如鼠之辈。如果遇到敌人，就会把脑袋藏到沙子里，等着猎人去抓呢！"父亲笑着问孩子："有句俗语说'不要当藏头露尾的鸵鸟'，你说鸵鸟遇到危险的时候应该怎么办呢？"笛卡尔毫不迟疑地回答："如果鸵鸟遇到危险就把头藏在沙子里，那么它早就在地球上灭绝了，因为鸵鸟毛那么值钱，非洲人不抓它才是怪事呢？再说，它的腿那么长，身子那么高，也不大可能把头藏在沙子里呀。我想，它最好的逃生方式，应该是拔腿就跑！"笛卡尔非同凡响的一席高论，弄得周围的贵客们目瞪口呆。有人反驳说："藏在沙子里的鸵鸟已经成了人所共知的常识，你怎么能随便怀疑呢？"父亲就鼓励孩子说："常识也不见得句句都是对的。"

笛卡尔14岁那年，他又遇到了一个麻烦。笛卡尔父亲有一个好朋友是当地一位著名的商人,名叫希拉。希拉花了200法郎在巴黎买回来一只名贵的德国斑点狗,这在当时可真是一笔大价钱。然而买回来以后希拉不仅大失所望,而且叫苦不迭。因为这条挺好看的斑点狗是个超级哑巴,压根儿就缺乏看门的本领。它尽管出身名门,血统高贵,却像个大傻瓜一样,整天只晓得吃喝拉撒,把屎尿拉得满院子都是。

这弄得希拉非常恼火,曾经几次向笛卡尔的父亲诉苦说:"干脆把这条懒狗拉到几十千米的野外扔掉,让它当野狗好了。"笛卡尔的父亲不愿意这样做,他交代笛卡尔,要他一定给希拉解决难题。

笛卡尔立刻拿出纸和笔,飞快地画出一根树干,然后再在树干上方描绘出几根树枝,并告诉父亲说:"这根树干就是斑点狗难题,这几条树枝就是尽可能多的解决办法。如此这般,我就采用数学解析的方法把狗的问题分解成了五个处理狗的方案。斑点狗不会看门也不会叫应该怎么办?

"第一,希拉先生最容易的处理办法当然是再买一只,这种处理方式最简单而且最高效。当然也不是没有缺点,至少希拉先生还得从口袋里再掏出200法郎。

"第二是把这条懒狗退回给狗场老板,当然这又得花费一大笔运输费用,而且这条懒狗又脏又臭,路上患了什么传染病也说不定。如果出现了上述情况,这就意味着增加一笔医疗费用。

"第三是训练狗按警铃,同样可以利用狗的灵敏嗅觉和听觉发挥它的效用。在正常情况下，估计教会一只狗按门铃需要25~30天时间，还得请一位比较好的猎狗训练师，其全部费用大约是20法郎。根据成本和狗本身的价值来估算，这笔支出还是挺合算的。

"第四是在狗窝里装一根触动绳。只要它一离开狗窝，就会碰撞绳子，触动警铃。根据我最近的观察，这条狗听觉特别灵敏，只要在100米以内出现脚步声，它就会像炮弹一样冲出来。因此可以断定，安装触动绳的办法费用最低而且肯定有效。

"第五是找出狗不会叫的原因并且进行有效的纠正。我们甚至还可以建议希拉先生在大门口竖立一牌子，上面写着警示：'注意不会叫的看门狗！凶恶的狗比会叫的狗更可怕！'这才有威慑力呢。"

父亲听了，大加称赞地对笛卡尔说："你能够采用数学解析的方法来处理生活难题，这是一大发现！"

父亲的夸奖和鼓励，大大激发和增强了笛卡尔发展思维探索难题和研究科学的兴趣。1637年，他发表了自己的大部头著作《方法论》，提出一切知识都可以采用数学推理的方法来证实，从而一举成名。

爱因斯坦曾说过："发展独立思考和独立判断的能力，应当始终放在首位，而不应当把获得专业知识放在首位。如果一个人掌握了他的学科的基础理论，并且学会了独立思考和工作，他必定会找到他自己的道路，而且比起那种主要以获得细节知识为其培训内容的人来,他一定能更好地适应进步和变化。"

"思考、思考,我就是靠这个学习方法成为科学家的。"

当前西方国家已经把培养幼儿的思考能力放在教育的首位。美国教育界认为在学校只强调掌握读写能力而不会思考是不行的,这样不利于他们正常发展。必须掌握基本功中的基本功——思考功。他们说,应该鼓励孩子们动脑——创造性地思考,独立解决问题,自己做出决定,这对儿童成长至关重要!

因此,在美国的学校教室内到处可见挂着"走向独立解决问题的道路""记住聪明猫头鹰的话:'思考'"等巨型标语,孩子戴着的纸帽上写着"思考",穿的汗衫上印着"我是一个小思考家",处处提醒孩子去思考。

培养善于独立思考的人,是我们教育的目标之一。我们应当让孩子早一点养成勤于思考的习惯。

让孩子倾心想象

1452年4月15日,在意大利著名城市佛罗伦萨西南的一个小镇上,诞生了一个活泼可爱的小男孩。这给全家人带来了无限的幸福和快乐。

7岁时,他被送进了教堂附近的教会学校去读书。但他似乎对课堂上老师讲的那些枯燥无味的拉丁文不感兴趣。他经常偷偷地从教室里溜出来,到村子外的田野里去玩。

他的天真与好奇心，只有在美丽的大自然中才能得到满足。他经常一清早就从家里出来，在上课之前躺在山谷的草地上，出神地注视着平地飞起的云雀，想象着他们飞翔的奥秘，或者眺望远处隐隐约约的阿尔卑斯山的雪峰，不知道那上面是否住着神仙。有时他想象着自己身上长了翅膀，像云雀一样，飞到阿尔卑斯山，去找山上住的神仙。

每次外出，他总会带回一些奇形怪状的小动物或奇花异草，回家后观察，描绘。

时光流逝，日积月累，他画的东西逐渐有了一点画意，曾有一次，他花了一个月的时间把收集到的蜥蜴、蛇、蜘蛛、蜈蚣等各种小动物集中起来，从中选出具有特色的身体部分，拼凑起来再放大，画出了一个似幻似真的可怕的怪物。这位有着特别想象力的小男孩，就是后来著名的画家列奥纳多·达·芬奇。

在达·芬奇成名的道路上，不可否认他的勤奋与刻苦，但谁又能否认他那丰富而奇特的想象力对他的帮助呢？其实世界上的每个孩子，包括您的孩子，都是天生的梦幻家。

儿童文学家迈克·安迪曾经说过，他的《默默》和《说不完的故事》这两本得到儿童文学奖的作品，其生活来源就是那些出自街头巷尾的孩子们的"梦幻之思"。

"梦幻"即想象力，在成人的眼中，那是一种不切实际的感觉，但在孩子的世界里，却是一个充满神秘与强大吸引力的理想处所。在这里，孩子可以骑着一条板凳，驰骋在辽阔的草原上；可以和一只小羊羔说悄悄话;可以是布娃娃的妈妈;可以是手拿玩具枪的无敌战士……

想象是智力发展的重要因素。人们把想象力比作智力的翅膀,孩子丰富的想象力是他们智力腾飞的重要条件。要开发孩子的智力,父母必须走进孩子的梦幻世界,去了解孩子,亲近孩子,发展并引导他们的想象力。

一个人想象力丰富,思路必然开阔,智力发展水平便会有所提高。世界著名的物理学家爱因斯坦就是由于其丰富的想象力而发现了相对论。据说他不是在书桌前发现相对论的,而是在近乎一种怪诞的想象中突发灵感而发现的。

夏天的一个早上,工作了一夜的爱因斯坦,走出了自己的书房。为了驱赶疲劳,他爬上了村子后面的一个小山头,清新凉爽的空气和悦耳的鸟鸣,使他顿感轻松了许多。爱因斯坦躺在小山头上的一块平滑的大石头上,眯着眼睛向上看,这时东方的一轮红日正冉冉升起,万缕霞光穿过他的睫毛射进了他的眼睛,爱因斯坦好奇地想,如果能乘着一条光线去旅行,那将是什么样子呢?于是他展开了想象的翅膀,在近似梦幻的世界里做了一次宇宙旅行。

神奇的想象力把他带进了一个地方,这个地方是经典物理学的观点所不能解释的。于是,爱因斯坦怀着急切的心情,走下山头,回到屋子里,提出了一种新的理论,以解释他的想象。而且他还坚信,这种理论比经典物理学还要正确,这就是震惊世界的"广义相对论"。

后来，爱因斯坦深有感触地说："想象力比知识更重要，因为知识是有限的，而想象力概括着世界的一切，推动着进步，并且是知识进化的源泉。"如果一个人想象力贫乏，思路狭窄，其智力就难以发展。因此，要开发孩子的智力就必须开发孩子的想象力。让孩子倾心想象吧，心所能达到的地方有多远，人生就有多远。

告诉孩子可以玩，但作业必须完成

暑假已经过了一半，强强的作业还没开始做，每天早晨起来就开始看电视，直到中午才关掉电视。中午吃完饭，刚想学习，又想起来有本好看的漫画书还没看，要不就是想天气那么好，还是去游泳吧。虽然他也觉得这样做不好，但就是忍不住。等到看日历牌的时候才发现假期余额已不太多。

谁不喜欢玩呢？玩，是生活的一部分，尤其对男孩而言，他们能在玩乐中学到很多东西。但是玩要要适可而止，不能因为玩耗去了大好时光。

"……洗手的时候，日子从水盆里过去；吃饭的时候，日子从饭碗里过去；默默时，便从凝然的双眼前过去。我觉察他去的匆匆了，伸出手遮挽时，他又从遮挽着的手边过去。天黑时，我躺在床上，他便伶伶俐俐地从我身上跨过，从我脚边飞去了。等我睁开眼和太阳再见,这算又溜走了一日。我掩着面叹息。但是新来的日子的影儿又开始在叹息里闪过了。"

时光的流逝在朱自清先生的笔下显得残酷而又真实。莎士比亚说过:"在时间的大钟上,只有两个字——现在。"昨天唤不回来,明天还不确定,一个人能拥有、把握的就是今天的时间。如果为了玩而虚度今天,就是毁了昔日成果,丢了来日前程。

古今中外,凡事业有成者,都是十分珍惜和善于驾驭时间的人。他们不但不会让时光虚度,还会想方设法节省时间。

杰克·伦敦从来都不愿让时间白白地从他眼皮底下溜过去,睡觉前,他默念着贴在床头的小纸条;第二天早晨一觉醒来,他一边穿衣,一边读着墙上的小纸条;刮脸时,镜子上的小纸条为他提供了方便;在踱步、休息时,他可以到处找到启发创作灵感的语汇和资料。不仅在家里是这样,外出的时候,杰克·伦敦也不轻易放过闲暇的一分一秒。出门前,他早已把小纸条装在衣袋里,以便随时都可以掏出来看一看、想一想。

鲁迅先生说过:"我把别人喝咖啡的时间都用到读书和学习上。"他几十年如一日,从不浪费一分一秒,为后人留下了700多万字的著作。就在重病缠身的日子里,他还抓紧时间工作和学习,在逝世的前一天,还写了他最后的一篇作品《因太炎先生而想起的二三事》,真是惜时到了生命的最后一息。

为孩子讲一讲这些故事,孩子一定深有感触。告诉孩子,看电视、玩游戏这些事虽然充满了趣味,但是毕竟不是生命中重要的事情。游戏能给生活带来暂时的快乐,但要让生活充实、总有幸福的感觉,还应夯实知识,奠定高品质生命的基础。

不过,即使孩子懂得了这些道理,真正实施起来还是很难的。孩子活泼好动,自制力有限,这时候就需要家长帮助孩子了。可以在玩之前与孩子做个约定,比如"看电视只看1小时,要自觉看时间。如果到点了还舍不得关电视,妈妈叫你好吗?"在家长的协助下,加上孩子自我管理的意识,收住孩子的"玩心"并不难。

鼓励孩子每天写一点东西

1999年初,上海《萌芽》杂志联合北京大学、复旦大学、南京大学、华东师范大学、南开大学、厦门大学、山东大学七所著名高校,举办了一次全国范围内的作文大赛,冠名为"新概念",之后又举办了第二届、第三届。"新概念作文大赛获奖者"中有21位一等奖获得者被各知名学校破格录取,他们这些成就的取得都是日积月累的结果,与他们坚持每天写一点东西的习惯是分不开的。

用写作来表达自己的想法,是对孩子思想和语言背景的最终检验。

一个人如果想成为一位作家,就必须做到:懂得并能将信息和想法综合起来;组织出原始的陈述内容;找到正确的语句;将内容按顺序排列起来;这些想法要在头脑中保持足够长的时间,以便将它们写在纸上。孩子是否有能力完成这样复杂的练习取决于三个因素：对自己想法的理解，语言的表达，还有基本的写作技巧。

刚开始孩子们只能写一些自己的经验，再后来写一些想象中的故事、诗歌和"评注性的文章"。一个孩子如果不能轻松地口述一件事，往往在试图写下它时也会发生困难。学校里的教学是不可能弥补孩子成长环境中的语言缺陷的。

著名文学家、教育家叶圣陶有三个孩子，至善、至美和至诚，他们都小有名气。叶老对孩子的写作训练，对父母们能有所启示。

一天，吃罢晚饭，叶圣陶戴上老花镜，坐下来开始给孩子改文章。三个孩子各居桌子的一边，眼睛盯住父亲手里的笔尖儿，你一句，我一句，互相指责、争辩。父亲并不责怪他们，说是改文章，实际上是和孩子们商量着共同措辞，提炼思想。

叶圣陶给孩子改文章不像老师那样在文章上画画改改，而是边看边问：这儿多了些什么，少了些什么，能不能换一个比较恰当的词儿？把词儿调动一下，把句式改变一下，是不是好些？……遇到他不明白的地方，还要问孩子：原本是怎样想的，究竟想清楚了没有？为什么表达不出来？怎样才能把要说的意思说明白？有时候，父亲指出了可笑的谬误，孩子们就尽情地笑起来。每改完一段，父亲就朗诵一遍，看语气是否顺当，孩子们也就跟着父亲默诵。

父亲循循善诱，孩子们自奋其力，进步自然会很快。

那么，具体来说父母应怎样培养孩子每天动手写东西的习惯呢？主要应从三个方面着手：

1. 鼓励孩子积蓄写作条件

写作条件是培养写作能力的基础，包括以下几个方面：

（1）观察与区分

引导孩子注重观察，在观察中分辨出事物细节上的差别。观察内容可以是自然万物，包括所有孩子感兴趣的树、虫、鸟、天空、宇宙、星辰等；也可以是人情世故，如人的表情、人的语言、人的性格、人的内心世界等。这样有助于锻炼出孩子"能区分"的"明亮"的眼睛。

（2）引导孩子在体验中成长

体验是一种最好的学习，只有在体验中成长的孩子才有自己的切实体会，才能为写作提供一种鲜活的基本生活感受材料。父母应放手让孩子去尝试，去亲身经历。

（3）记录一些好句子

歌德说过，人每天起码要听首小歌，读首好诗，看幅好画，如有可能，说几句合情合理的话。要想使孩子的写作变得有品位，很有必要让他们记录背诵一些好句子，不要多，但要经常。

比如，"洁白的良心是一个温柔的枕头""在朋友身上，我找到第二个自己""黑夜给了我黑色的眼睛，我却用它寻找光明""高尚是高尚者的墓志铭，卑鄙是卑鄙者的通行证""风比马跑得快，但，马在风里跑"，等等，也包括大量脍炙人口的古诗、词、曲。可以给孩子准备一个精美的本子，随时把好的文字分门别类地记下来。

（4）规范孩子的语言

为了孩子，父母平时说话速度不要太快，发音用词尽量准确规范，因为父母的语言会对孩子产生潜移默化的影响。若父母说话经常颠三倒四，胡乱用词，词不达意，很难要求孩子不这样。语言环境对孩子学习语言有着最直接最重要的影响。只要孩子的语言表达清楚准确，写作就有了良好的基础。

2. 鼓励孩子"每天写一点"

写作最忌讳的就是，正儿八经地坐在桌子前面，准备好纸笔，告诉自己"我要写作了"。写作贵在"自由自在"，所以提高写作能力的关键一步是每天写一点。

（1）想起来就写

写什么不做限制，让孩子自由发挥，想起来一件有趣的事情，或者想起来值得思考的事情，就立即写下来。当然对孩子来说，身边永远都带一个小本，可能开始的时候有些困难，但慢慢就会习惯。父母可以在床头、书桌、书包、厕所四个地方各放一支笔、一个小本。当然，这个小本应该精美一些。

（2）和孩子用书信沟通

写书信是一件很美妙的事情，如今大家都不太重视，实际上它是一项非常有意思的活动。与孩子用书信沟通也是维护良好亲子关系的一种新型"润滑剂"，而对于培养孩子的写作能力来说，也可起到以逸待劳的作用。

（3）鼓励孩子随时写下自己的想法

父母应鼓励孩子说出自己的想法，并及时把它记下来。孩子自己谈完想法，父母可以再给些提示。讨论时要尊重孩子自己的意愿，不要以大人的构思习惯，去套住孩子活跃的思维。哪怕你是一个作家，也不要这样做。

3. 与孩子一道展示写作成果

孩子的写作也需要积极的反馈和评价，所以每当孩子创作了好文字，一定要想办法展示出来，使孩子得到鼓励。

（1）评选好句子

对于孩子的习作，要客观地进行评估，但每一篇习作都应当有一些写得好，写得真实，甚至写得精彩的好句子，可以和孩子一道将好句子用彩笔画出来。然后和孩子讨论，为什么这些是好句子，当时是怎样想出来的。

（2）让孩子修改自己的作文

把孩子的写作成果保存起来，存够一定量的时候，和孩子一起选出一些当时认为写得比较好的文章，让孩子进行修改。这样孩子就能明显地看到自己的进步。

（3）必要时可以参加作文比赛

现在学校和社会经常举办学生作文比赛，如果条件允许，应当鼓励孩子积极报名参加。

对小学低年级学生来说，能把想说的意思写下来，就是一篇不差的作文了。

到三四年级以后，提高孩子的写作水平，主要兼顾两个方面：一是让孩子多读与其水平相适应的课外书籍，熟能生巧，看多了自然而然地会提高文字表达能力；二是常带孩子走出家门，让其能有更多的实际感受，以增加写作题材。

另外，父母在帮助孩子修改作文时，千万不要包办代替。切不可大笔一挥，又砍又添，最后不知是孩子的作文还是你的文章。每个孩子都有自己的想法，也不宜让他们整天读范文、写作技巧之类的书，因为那样只会使孩子成为另外一个"别人"。

培养孩子珍惜时间的好习惯

爱因斯坦说过："人的差异产生在业余时间。"达尔文也说过："我从来不认为半小时是我微不足道的很小的一段时间。"从这两句话里，我们可以看出伟人们往往都是运用时间的能手，也能看出他们是多么重视时间，珍惜时间。

惜时是成功的秘诀。有的孩子平时做作业磨磨蹭蹭，边做边玩边听音乐，一个小时就能做完的作业结果做了三个小时还没做完。这很容易使孩子养成动作慢、注意力不集中的坏习惯，浪费时间和精力。

"一寸光阴一寸金，寸金难买寸光阴"，从小培养孩子的时间意识，使孩子懂得珍惜时间，学会管理时间，成为时间的真正主人，对孩子的成长可谓大有裨益。作为父母应该重视培养孩子安排时间和运用时间的能力。

教育孩子珍惜时间不是一件容易的事。因为年幼的孩子还不能真正理解时间是怎么回事，更不懂得生命对于自己只能有一次。一般要到少年期，抽象思维比较发达，自我意识逐渐成熟时，孩子才能逐渐明白时间的无限性和人的生命的有限性。但是我们不能消极地等孩子到了少年期才对其进行惜时教育，而必须从小就培养孩子珍惜时间的好习惯。因为"开窍"表面看来是突然发生的，其实对生命的热爱，对效率的体会，对无限和有限的理解，都有一个量变到质变的过程，没有早期的充分准备，就不会有"开窍"的到来；何况爱惜时间还有一个养成习惯的问题，习惯的养成并不是和理解和认识的程度完全相对应的。

我们建议父母培养孩子珍惜时间的好习惯从以下几个方面做起：

1. 教育孩子树立时间观念，增强时间意识

父母要教育孩子要充分利用每一分钟，要让他懂得讲究效率，时间会相对变长；而不讲效率，时间则会相对地变短的道理。

有的事情是硬任务，必须在某个时间内完成，父母甚至可以建议孩子采取"倒计时"的方法来安排时间。例如，在一个月内必须完成的事情，算算还有多少天，自己就要规定每一天要及时补上。如果不能按时完成，错过了机会，就会前功尽弃，十分可惜。

父母还可以用别人珍惜时间的事例来教育孩子，从而使孩子

认识到时间的价值。

如爱迪生为人类做出了一万多项发明,他为了做实验,甚至在新婚之夜忘记了新娘和前来祝贺的客人。

又如,居里夫人为了节约时间,每天只在实验室里啃几片面包。鲁迅先生更是惜时如命,他把随意占用浪费他人时间的行为视为"谋财害命"……通过这些事例,孩子就会逐步认识到珍惜时间的重要性,逐步树立时间观念,增强时间意识,从而在学习、生活中养成珍惜时间的习惯。

2. 教育孩子学会集中精力做事

有的孩子,做事情时三心二意,甚至边玩边干,这是最浪费时间的。父母应教育孩子明白,做事就做事,玩就是玩,而且事情要一件一件地做,不可一心二用,为此,父母要指导孩子养成做事有头有尾,善始善终的习惯。比如打扫卫生,就要在规定的时间内把房间里的每件东西都摆放在合适的位置。然后清扫地面、擦抹桌凳,也不能忘记倒掉垃圾。房间没清扫完毕,不能停下来玩或干别的事情。

一件事情做好了,父母要对孩子进行表扬,强化他的行为习惯;如果没做好,就要批评或让他重做。至于由于孩子效率提高,提前完成任务而节约下来的时间,则应由孩子自己去支配,以示"奖励"。

居里夫人就是这样对待孩子的。布置任务时她总是告诉女儿:"干完了你随便玩。"这样,不但有利于调动孩子完成任务的积极性，而且有利于培养孩子在规定时间内集中精力做好一件事的习惯。

3. 让孩子意识到浪费时间是要吃苦头的

现在很多孩子做事磨蹭拖拉，不珍惜时间，这些毛病与父母的娇惯有很大的关系。如，爱睡懒觉的孩子大多是作息时间安排不合理，早晨叫一遍不醒，叫两遍不起，最后实在没办法了才起来，但一看表，时间已经不早了，于是家长急忙帮着穿衣，准备书包，甚至连早饭都来不及吃就上学去了。实际上，家长这样做，非但不利于培养孩子的时间观念，反而会助长孩子依赖家长的懒惰习惯。

其实，家长可以这样实验一下：在孩子的床头放一个小闹钟，并向孩子申明，"以后爸爸妈妈不再来催你起床了，早晨闹钟响，就自己起床。假如起床晚了，就没有时间吃早饭；假如拖拉的时间多了，就会上学迟到，就会受到老师的批评。"如果孩子能按父母的要求做，那么，他就会逐步养成按时起床的习惯；否则，就会因睡懒觉，不按时起床而受到"惩罚"——吃不上早饭、迟到、受批评。一旦孩子品尝到耽误时间的苦果，心里自然会不舒服，自然会吸取教训，今后重犯的可能性就少了。

这种教育方法被教育专家称作"自然后果惩罚法"。当然，在特殊情况下，如考试或有重要活动时，家长还应该帮助孩子，除用闹钟外，再及时催促孩子按时起床。

4. 帮助孩子学会合理安排时间

父母要注意观察孩子平时是怎样利用时间的，表扬其合理利用时间，批评其浪费时间，并给孩子提出合理安排时间的建议。如一个星期看几次电视，读几篇文学作品，以及每天晚上先做作业还是先整理自己的房间，使孩子体验巧用时间之妙。

说到巧妙利用时间，父母还可以从以下几个方面培养孩子。

（1）精力最充沛的时间，干最费精力、最重要的事

教孩子在脑力、体力都是最充沛的时候，选择最重要，又是最费脑力和体力的事情；体力差时，做些费脑力的事情，脑子疲劳时，选择专用体力的活，这时反而能使脑子得到休息。

（2）用整块时间干大事，打歼灭战

有些事情，最好是用一整块时间，一气呵成，才能干出个结果。比如计算一道复杂的数学题，每天想一会儿，又去做别的事，第二天又得从头开始想，因为昨天的思路已经忘记了。遇到类似的事情，告诉孩子，只有集中时间，专心致志，打个歼灭战，往往会得到事半功倍的效果。

（3）专门抽出时间，整批解决零散问题

对一些零散的小问题，急于拿出时间去完成，往往容易打乱别的事情，但是如果总是不做，也会误事。解决的办法是来个零存整取，把零散的问题留下来，专门有一个时间，来整批解决这些零散问题，来个快刀斩乱麻。

父母们值得注意的是，培养孩子珍惜时间的好习惯，并不是要孩子牺牲必需的休息时间让孩子去学习，而是尽量让孩子做到不浪费时间、不虚度光阴。有时，我们还必须告诉孩子：为了明

天有效，今晚要睡个好觉。

有很多事情，根本不是一口气就能做完的，它往往需要孩子艰苦奋斗很长时间，在这种情况下，就要提醒孩子，不要犯性急的毛病。为了明天做事更有效，今晚就要睡好觉，以饱满的精神迎接第二天。

当然，父母可以帮助孩子制定一个合理的作息时间表，要求孩子按作息时间表学习、生活、游戏。开始时，也许孩子不能严格遵守作息时间的规定，父母可以帮助督促他逐步适应，直到最后自觉遵守。

要让孩子养成善于提问题的习惯

新学期开始，王老师决定在班级里进行开放式的实验，让同学们都参与到课堂中来。因此，老师的课常常是让同学们自己提问，然后再找出解决问题的方法。王老师的这种教学方法受到了大多数同学的欢迎，他们上课提问都非常积极。可王老师发现，从第一节课起，小丽就没有提过一个问题，原来小丽的成绩可以呀，难道她现在的成绩退步了吗？如果上课不积极参与，照这样下去，她会跟不上同学们的。

小丽的这种情况许多孩子也经常遇到。可能有的家长认为只要学习好就行了，会不会提问没有什么关系。其实，这种观点是错误的，学问，学问，要学也要问。很多东西问了才能长进，有的问题自己苦思冥想不得其解，可有时经别人轻轻地一点拨往往就豁然开朗了。因此，要培养孩子善于提问的好习惯。那么，为什么有的孩子不善于提问呢？

学校以往传统的教学方法是老师讲，学生听、记，课堂上对孩子们主动参与教学的要求不高，这种教学方法实际上对孩子们的发展是不利的，孩子们养成了不爱动脑筋的习惯，只要死记硬背，依葫芦画瓢就行了。目前，教育界已经认识到了这一点，正在进行教育改革，王老师的实验就是很好的尝试。孩子们从提出问题到解决问题的过程，充分调动了孩子的积极性，能使其更好地掌握知识，开动脑筋。有的孩子不善于提问是因为学习没有系统性，没有打好基础，跟不上班级教学的进度。他们可能什么都不懂，不知从何问起，理不出头绪，想提问，又不知道问什么。还有些孩子是因为不求甚解，不爱动脑筋，心想这些问题反正别的同学都会问到，只要注意听就行了，懒得提问。还有的同学因为胆小，不敢在同学们面前表达自己的思想，生怕自己提出的问题被老师和同学笑话，怕别人都懂就自己不明白，让别人觉得自己很笨。还有极少部分孩子讨厌学习，热情不高，干劲不足，上课如坐针毡，巴不得早点下课，根本没有考虑所提的问题。

作为家长，首先要做的是帮助孩子认识到自己不爱提问的原因，有的放矢，对症下药。对不敢问、懒得问的孩子，父母应给他们讲清楚善于提问对学习的好处，可以给孩子买一些名人传记，孩子会从这些书中发现，大凡学术上有成就的人都是在"问"上做出文章来的，如居里夫人、华罗庚、达尔文等。让孩子从思想上真正认识到只有敢问、善问，才能搞好学习，才能做成学问的道理。

对于那些因为没打好基础，不会提问的孩子，家长可以帮助和鼓励他们从补习功课开始，学好基础知识，跟上班级教学的进度，鼓励孩子像班上善于提问的同学学习，解除思想顾虑，克服虚荣心，耐心地告诉孩子不会提问没有什么可笑，每个人提问都是因为自己不懂才问，学习本身是一个人不懂到懂的过程，不懂就问是好学的表现，只有把自己不懂的问题提出来后，才能得到老师的帮助，从而真正掌握知识。

对那些想问但又不知怎么问的孩子，家长应提醒他们注意掌握学习方法，善于去发现问题。如上课前做好预习工作，在不懂的地方做上记号，或者事先把不懂的问题写在纸上，在老师讲解的时候学会做笔记，勤动脑筋，学会问"为什么"。经过思考和查找资料都不能解决的问题，自以为找到了答案，但把握不大的问题以及那些对得出结果的过程不太明白的问题，都可以在课堂上向老师提出来。

对不爱学习，根本就没有考虑过怎么提问的孩子，父母不要过分责怪他，而应帮助孩子从培养学习兴趣开始，首先让孩子喜欢学习，树立起自己能够学好的自信心。

孩子在学习上要保持动机适度

在生活中我们常常可以听到这样的事情：

"我们家孩子不知道怎么回事，平时的测验都发挥得很好，一到关键时刻就掉链子。碰上期中考试或者期末考试这样的'大考'，就表现很差。真怀疑他平时是不是作弊。"

"我们同事的儿子参加中考晕倒在考场上了。听说是因为看到一道题平时没见过，马上就呼吸急促，整个人都慌了。"

其实这种感觉我们都不陌生，就是越紧张事情越做不好，越发挥不出原有的水平。其实这可以用心理学上的"动机适度原理"来解释。在心理学上，"动机水平"是指一个人渴望完成一项任务的程度。

心理学家通过研究发现，在一般情况下，动机水平越高，学习或者工作的效率就会增加。但是如果动机水平过高的话，学习和工作的效率反而会降低。美国心理学家耶克斯和多德森认为，中等程度的动机水平最有利于效果的提高。这就是"动机适度原理"。

望子成龙、望女成凤的心态可以理解，但是父母过度的期待只能给孩子带来负面的影响，取得适得其反的效果，既让孩子在考试和学习中表现失常，也剥夺了孩子应该有的快乐。

在竞争压力越来越大的今天，不需要家长的教育，很多孩子已经感受到了很大的压力。在这种情况下，父母就更不能对孩子的学习施以高压,而是要保持平常心,而且当孩子拼命学习,给自己施加过高压力的时候,父母还要学会给孩子减压。

我们常常会听到孩子说:"我要不惜一切代价保证考试成功!""如果我考试不好,很没面子,别人都看不起我!""如果考不好,我以后怎么办?"这些话虽然能表现出孩子的决心,但是也是心理压力过大的表现。这时候父母要帮助孩子减压,"考不好也没有多大的关系,一次考试并不能决定什么,关键还是看个人的素质和能力。你只要尽最大努力去考就好,考不好爸爸妈妈也还是你的爸爸妈妈,天塌下来还有我们帮你顶着呢!把心态放轻松就好了!"总之,父母要做的就是让孩子总是在适度的压力下学习,既不过高,也不过低。

此外父母也要真正改变自己的心态,不要把孩子的成绩看得过于重要,相对来说,发现孩子的优势和劣势才是父母最重要的任务。

奥托·瓦拉赫小时候,父母希望他走文学之路,结果老师写下了这样的评语:"他很用功,但是过分拘泥,这样的人不可能在文学上有很高的造诣。"接着,根据瓦拉赫自己的想法,妈妈又让他去学油画,可是评语是:"你是在绘画艺术方面不可造就的人才!"父母看到这两个评语,几乎绝望了。但是一位化学老师却觉得这个"笨拙"的学生做事一丝不苟,是个研究化学的好材料。结果化学激发了他的潜能,这个文学和绘画上的"差生",摇身一变成了"化学天才",最终获得了诺贝尔化学奖。

心理学研究表明，每个正常的孩子都具有一定的"潜能"。所以父母要充分地了解自己的孩子，帮助孩子把优势发挥出来，而不是根据自己的主观愿望和片面印象帮助孩子设定属于他的未来。很多孩子可能不擅长学习数学，但是他可能在音乐上有很高的天分；也有的孩子不喜欢课堂上的学习，那么一些独特的教学方法可能会开启他智慧的大门。

因此，父母完全没有必要纠结于孩子的学习成绩，给他们很大的压力，父母最应该做的是发现孩子的优势，让他们充分发挥自己的潜能，成为一个对社会有用的人，拥有幸福快乐的人生。

培养自主学习力需要家长适当放手

菲菲已经是小学二年级的学生了，是一个可爱的小姑娘。但是，这个可爱的小姑娘却非常粗心，她做作业的时候从来不检查，总是把很简单的题目都做错。每次菲菲写完作业，就对着妈妈叫道："妈妈，我写完了！"然后，把作业本、文具盒往桌子上一扔，就匆匆忙忙离开桌子，打开电视或者跑到外面去玩。接着，菲菲的妈妈就帮菲菲收拾书桌，把课本、文具等收拾到书包里，然后，再将菲菲的作业从头到尾检查一遍，用铅笔把错误的题目勾出来，叫菲菲来改正。对于妈妈指出的错误，菲菲从来不问为什么，想一下就拿起笔来改,因此,她改过的题目经常还会出现错误。这时,菲菲就会不耐烦地嚷道:"妈妈,到底应该怎么做呀?"妈妈见菲菲不肯动脑筋,一边抱怨菲菲不自觉认真学习,一边只得把正确答案告诉她。

生活中有很多像菲菲一样的孩子,他们好像一个傀儡一样,不会独立检查作业,不会独立收拾自己的书包,也不会自己思考错题的改正方法,好像没有自己的思想一样。父母们会抱怨他们不自觉,什么事情都依赖父母,好像没了父母什么事都做不了。殊不知,孩子的不自觉正是父母们无意识中宠出来的坏习惯。因为父母把检查作业、收拾书包的所有该孩子自己做的工作都代劳了,孩子在父母的帮助下毫不费劲的做好事情。久而久之,孩子一遇到困难,就求助父母的帮忙,理所当然地认为父母会帮自己解决问题,这样就养成了孩子不自觉的习惯。父母对孩子的事情件件亲力亲为,为孩子包办一切,这样既限制了孩子自身的发展,自己也整天为孩子的事情不断操心,筋疲力尽。父母费心费力,某一件事做得不好时,还被孩子抱怨管太多,费力不讨好,最终还落下了"笨爸爸""笨妈妈"的印象。

父母在孩子刚出生的时候,照顾孩子是应该的,因为这时候的孩子生理、心理的各项功能都还没有发育成熟,他无法独立生存,需要依靠他人的照顾。但随着孩子身心发育的健全,他学会了爬行、学会了走路、学会了说话、学会了自己出门、学会了与人交往……孩子学会的东西越来越多,他能学会的还有更多。父母应该适当放手让孩子去学会更多的东西,做一个"无为而治"的聪明父母。

但是,在许多父母心里,孩子再大也是自己的孩子,她们已经习惯了无微不至地照顾孩子:给孩子喂饭、帮孩子洗脸、帮孩子收拾书包、帮孩子做作业……基本上能帮的都帮了。在这种情况下,孩子能学会自觉吗?他从未尝试过自己做自己的事情的味道,怎么会平白无故地学会自觉呢?即使他一时兴起自觉做了某件事,但是习惯于依赖父母的他自然会觉得做事情很费劲,还不如让父母做更好。久而久之,孩子越来越依赖父母,越来越懒散,而离自觉就越来越远。实际上,不自觉对于孩子的成长是很不利的。对于孩子的自身素质来说,独立性是最重要的素质之一,而不自觉的孩子完全依赖于父母,四体不勤,无法独立生活。所以,明智的父母应该从孩子的长远发展来看,让孩子从小就做一些力所能及的事情,注意从生活的各方面来培养孩子的独立性,对孩子进行自主教育,逐渐养成孩子的自觉意识和习惯。

自主教育的内容是从孩子的实际情况出发,调动孩子的内在积极性,发掘其潜能。美国著名教育心理学家赫施密特指出:"自主教育实现的是受教育者和教育者的合一,使教育的对象成为主体,由于自身掌握了主动权,个人将在发展的过程中拥有无穷的力量和智慧。如此,不仅使受教育者的潜能得以极大的开发,而且使教育者得以身心的解脱。而这里的关键在于,教育者必须掌握以一驭万、能够真正诱发受教育者主动性的策略。"然而，自主教育中的教育者与被教育者的关系并非固定不变的。在自主教育的前期，父母是主要的教育者，到了后期，当孩子已经掌握了方法并将之应用到自己的生活中，孩子就发生了转变，从实质上变为了自主教育的自觉者。这时，他们会自觉主动地去学习，在某些时候，他们的独特见解和新的发现甚至会影响到父母，反过来使作为教育者的父母受到启发。

所以，激发和引导孩子自觉主动，父母不需要付出太多时间和精力，就可以培养出成功的孩子，就可以更轻松地成为成功的父母！

让孩子没有负担地质疑老师

美国教育家杜威说："理智的自由才是唯一的、永远具有重要性的自由。"无论什么时候，思想上的独立和自由才是保持独立于这个世界的基础。要想做一个有所成就的人，首先就要做一个有独立思想的人。然而现实中，很多人所缺乏的，正是这种独立且自由的思想。

一位心理学家在给某大学心理学系的学生讲课时，做过这样一个实验：他向学生们介绍了一位老师，说这个老师是国外有名的化学家。在上课的时候，这位"化学家"拿出了一只装着蒸馏水的瓶子，有模有样地介绍起来这是他发现的一种具有独特气味的化学物质，接着就让每个学生都闻了一遍，然后他请闻到气味的同学举起手来。大多数同学都举起了手，心理学家揭晓了答案——原来，这位"化学家"其实是外校请来的德语老师，而这瓶"有气味的化学物质"，其实也是没有气味的。

这个故事其实反映了当今社会普遍存在的一个现象——"权威效应"。如果一个德望高，权威重，让人信赖的人说的话，那么即使这话还没有被实验证实，也会被多数人重视并且相信。就像学生多数相信老师所说的话一样，老师的标准就是学生的标准，他们认为如果按照老师说的去做，那么自己也能得到更多的认可，自己所做的这件事的"安全系数"也会随之提高。很多时候，孩子就会因此而丧失了自己本来的思想，变得人云亦云。

一味地遵循"权威效应"对孩子的成长是很不利的，孩子需要有自己独立的见解，不建立在任何人的观点之上。在这个过程中，老师这个角色对孩子独立思考的培养也是起着不可或缺的作用。

绝大多数孩子对于老师都是尊敬甚至是有些畏惧的。当老师在某些方面犯了错误，一些孩子敢于提出，也有一些孩子则因为畏惧而不敢发言。有的老师比较小心眼，认为自己就是权威，对于孩子提出的质疑直接驳斥，慢慢地，孩子就不敢再有其他的想法，思想也会被禁锢。有的老师在孩子提出不同意见时则会循循善诱，嘉奖孩子的质疑精神，有勇气说不，从而培养起了孩子勤于思考、敢于质疑的好习惯。如果说孩子是祖国的花朵，那么老师就是祖国的园丁,身为家长,必然要从小教育孩子尊重老师。不过在让孩子尊重老师的同时,也要让孩子知道不能对老师盲目崇拜,鼓励孩子在老师面前提出不同的想法和质疑,即使老师不喜欢孩子的质疑,家长也要呵护好孩子的质疑精神,同时让孩子知道质疑本身是没有错的,质疑老师并不等于不尊重他。如果老师对此仍有异议的话,那么家长要做的,就是及时与老师进行沟通,共同找出一条更好的教育路径。

此外,家长也要与老师在这方面多沟通,彼此得到谅解,保持良好的关系。让孩子拥有出色的创新力,拥有自己独特的想法,成为真正的人才,这其实是家长和老师共同的期望。既然是同一个目标,那么为什么不让孩子在通往这个目标的路上更加方便而快捷呢?

父母做表率,孩子爱读书

孩子不喜欢读书,对其以后的学习和知识储备都是很不利的。因此,几乎所有的父母都会不顾一切地要求自己的孩子多读书,读好书,以此来提高知识修养和学习能力。但事实上,有些孩子是不爱看书的。对此,一些家长就认为是天生原因,孩子天生不喜欢读书,谁也没办法。但其实,把孩子不爱读书归结为天性,是不对的。孩子不爱读书跟父母有着很大的关系。可以这么说,每一个讨厌读书的孩子背后都有讨厌读书的父母。

我们已经知道，孩子小时候的模仿对象和榜样人物就是父母。生活中，如果父母想培养孩子某一方面的好习惯，就要从自身做起，给孩子树立好的榜样。那么可以试想，没有良好的家庭阅读氛围和父母从来都不读书的家庭，孩子是很难知道阅读为何物的，更无法体会到阅读带来的乐趣。

有人曾针对两所家长来源差异较大的小学进行了调查，A小学的家长多来自高校，在家中他们有大量的时间用来阅读和写作；B小学的家长多数是普通工人和售货员，在家中的时间几乎都用来看电视、打麻将、聊天等。调查结果发现：A小学的孩子产生自发阅读和书写的时间比较早，而且普遍认为阅读和书写是生活的重要组成部分；但B小学的孩子产生自发阅读和书写的时间则较晚，且多数并未将阅读和书写当作生活的重要组成部分。于是，研究者随后要求B小学学生家长每天都在家中阅读20分钟，可以阅读报纸、书籍等，但必须在孩子面前进行，并且阅读时要表现得专注而且满足。这样坚持了几个月之后，B小学实验组的学生自发阅读的行为明显增加，并开始认为阅读是生活中不可缺少的内容了。他们的家长也认为，孩子最近的学习态度和成绩都有所提高。

因此，父母对书籍和阅读的态度会直接传递到孩子身上，孩子之所以不喜欢读书，是不是因为大人从来都没在家里或者在他面前读过书呢？大人一般都工作繁重，或者因工作环境不同而会有不同的生活内容，但无论如何，增强孩子的阅读兴趣，让孩子从自己身上沿袭到喜欢阅读的习惯,对孩子的一生是非常重要的。因此,父母应该严格要求自己,给孩子做好榜样。

除了父母以身作则,把自己喜欢阅读、喜欢书籍的习惯传递给孩子,让孩子不再厌书之外,父母还可以有意识地跟孩子一起做亲子阅读。要知道,亲子阅读是最佳的父母与孩子交流、培养感情的方式,同时还能让孩子感觉到阅读的美好,从而喜欢上读书。平常周末或者假期时,多跟宝宝一起逛书店、去图书大厦,就算自己不买书,也能传递给孩子一种阅读的气氛;在家没事的时候,拿出一本有趣的书跟孩子一起阅读或者讨论,也能增加孩子对书籍的兴趣,并想当然地认为父母是爱书的,自己也要爱书等。在这样的习惯化行为中,孩子就会慢慢地爱上书籍,喜欢阅读。

第二章

生活好习惯：
注重细节，健康成长

别怕劳动会累着孩子

常言道:"樱桃好吃树难栽,不下苦功花不开。"只有付出相应的劳动和汗水才能获得美好的东西。当一个人明白这些东西来之不易的时候,他才会更加珍惜,才能体验到快乐和幸福。

劳动不仅能够造就一个人,而且能够给人以快乐和幸福。从20世纪40年代开始,哈佛大学对波士顿的456名男孩子进行了跟踪调查,了解他们的生活经历和成长过程。在这些孩子进入中年的时候,研究人员对他们的生活进行了分析,结果发现,不管这些人的智力、家境、种族或受教育的程度如何,也不管他们遇到多少困难和挫折,从小参加劳动和工作的人,即使只在家里做一些简单的家务,也会生活得比没有劳动经验的人更充实更美满。

这表明,劳动能使孩子获得能力,从而走向生活上的独立。因此,父母要重视培养孩子劳动的习惯。

那么,父母应该怎样培养孩子劳动的习惯呢?

1. 父母要重视劳动教育

孩子不爱劳动与家庭教育有着极大的关系,有些父母心疼孩子,怕孩子吃苦受累,因此往往不让孩子劳动;有些父母则怕孩子干不好，不如自己干来得省时省事；有些父母认为孩子学业重，功课多，不想占用孩子的宝贵时间；有些父母则认为孩子的首要任务是学习，劳动作为一种技能以后自然会做的，用不着父母教育。这些都会导致孩子逐渐失去劳动意识，养成不爱劳动的坏习惯。

教育家苏霍姆林斯基说过："一个大约5岁的孩子栽的玫瑰开出了美丽的花，他会十分惊讶地观看花儿，而且还会观察自身：'难道这是我靠劳动创造的吗？'像这样，孩子在慢慢地体验无与伦比的劳动乐趣的同时，还可以增进对自己的认识。"

要培养孩子热爱劳动的习惯，父母首先要重视对孩子进行劳动教育，平时不要溺爱孩子，应该让孩子做一些力所能及的事情。同时以社会生活实际、社会发展历史和家庭生活实例等告诉孩子劳动的重要性，让孩子从思想上认识到劳动的光荣，劳动的伟大，不爱劳动的人是没有出息的。

2. 教给孩子一些劳动技能

劳动也需要一定的技能，干什么活都有一定的方法，这就要求父母教给孩子一些劳动的程序，劳动的操作要领及技巧。

例如，父母要求孩子做饭，就应该告诉孩子做饭的程序，放多少水，煮多长时间等。父母要注意示范，教会孩子劳动程序。孩子只有掌握了劳动的技能，才会愿意去做。

做任何事情都需要一个学习的过程，父母应该耐心地教孩子去做，在孩子遇到困难的时候，千万不要简单地对孩子说："你自己想办法吧！"或者把孩子搁一边不管他，或者严厉地责怪孩子无能，这样会让孩子感到自己没有本事，从而产生厌倦的情绪。

因此，在孩子的劳动过程中给予指导，给予鼓励，培养孩子的劳动技能是比较重要的。在孩子取得进步的时候，哪怕这个进步是非常微小的，父母也要鼓励孩子，让孩子从劳动中体验到快乐和幸福。

3.注重实践锻炼

对孩子进行劳动教育，不能只限于口头，而应该通过劳动实践来进行。如果父母在平常没有让孩子参加具体的劳动，那么，孩子是不太可能爱好劳动的。

冬冬在家里从来不做家务，在学校里也总是躲避大扫除等集体劳动。老师把这个问题反映给了父母，父母意识到自己平常忽视了孩子的劳动实践，于是，想方设法要让孩子改变这种不爱劳动的习惯。

暑假的时候，父母带冬冬参加一个野外生存训练的夏令营活动。父亲发现冬冬非常喜欢这种活动。

第二次，父母又带他去野营。但是，父母在野营中却不再照顾他，什么事情都让他自己来。平日不爱劳动的冬冬，在这次野营活动中尝尽了苦头。这时候，他才意识到，自己的生活自理能力和劳动能力太弱了。

回家后，冬冬主动要求父母让他多做一些家务，这正中父母下怀。经过一段时间的劳动实践，冬冬对劳动已经不再厌恶，反而产生了热爱的倾向。

由此可见,父母一定要注重让孩子参加劳动实践,不要过于心疼孩子。可以让孩子学着收拾饭桌、洗碗,而不要担心孩子可能会把碗打碎。与孩子的劳动精神相比,打碎一只碗又算得了什么呢?诸如洗衣服、拖地、倒垃圾、购买日常生活用品、修理一些旧东西、整理房间等家务劳动都可以要求孩子去做。

在安排孩子劳动实践时,父母应注意搭配孩子的自我服务劳动和家务劳动,让孩子所做的家务按星期轮流替换。让孩子懂得,作为家庭的一个成员,他不仅要做到自己的事情自己干,而且应该帮助父母做一些力所能及的事情。

父母可以这样对孩子说:"把这个交给你,相信你一定会做得很好的。"父母还应该注意,当学校、社区安排公益劳动时,应带领孩子参加,让孩子体验集体劳动的乐趣。

当孩子已经掌握一定的家务技能时,可以试着让他做一周的主人,比如由他决定做什么饭菜、负责采购等,当然父母也应接受他的支配。这样孩子才能真正体会父母平日的辛苦,才能对家庭生活有更深刻的体会,从而更加热爱劳动。

4. 尊重孩子的劳动

培养孩子爱劳动的习惯,需要父母进行一定的强化,但是,父母必须注意不要单纯地把孩子当作劳动力来使唤,不要把劳动当作惩罚孩子的手段,也不要过分用物质或金钱来强化孩子的劳动,而是应该通过表扬、鼓励等方法来强化,让孩子觉得自己有责任有义务做家务。

父母在孩子劳动的过程中应多做具体的指导，多鼓励、尊重孩子的劳动果实，这样会让孩子从劳动中获得快乐，从而有效强化孩子爱劳动的习惯。

让孩子做家务，毕竟会占用他玩的时间，孩子往往会不太情愿。为了让孩子更加乐于做家务劳动，父母千万不要在孩子正兴高采烈或聚精会神地做某件事时让孩子做家务，以免孩子对劳动产生抵抗情绪。

5.运用方法"强迫"孩子劳动

当孩子不愿意劳动时，父母绝不能姑息迁就，一定要想办法让孩子参加劳动。

美国有一位妈妈，她的孩子们终日只知道看电视、玩游戏，就是不肯干家务，甚至连做功课也提不起劲，每天需要爸爸妈妈不断地呵斥才会勉强去做。终于有一天，这位妈妈决定治治这些孩子。

那天，孩子们发现，妈妈在门前竖了一个牌子，上面写着"妈妈罢工"字样，孩子们觉得很奇怪，于是去问妈妈怎么回事。妈妈说："我每天要工作，还要给你们做饭、洗衣服，但是，你们并不觉得妈妈做的这些事很重要，从不肯帮助妈妈来做，甚至自己的功课都要妈妈来催，妈妈觉得很累。从今天开始，妈妈要罢工了，我不再为你们做家务活了，你们自己的衣服自己洗，自己要吃什么都自己去做吧！"

妈妈说到做到，真的不再为孩子们做家务。这时，孩子们才发现，劳动是多么的重要。妈妈终于让孩子们明白，他们除了看电视外，还有很多事情要做。从此，孩子们逐渐懂得用脑子想事情，并且开始看书、做作业和做家务活。

父母应该明白，孩子们必须劳动，不管他愿不愿意，一个不会劳动的人，会不断自我萎缩直到失去自我，这样的孩子将来是不会幸福的。

教育孩子要勤俭节约

某小学开学伊始组织了一次特殊的展览。"展品"都是该校学生们丢弃的文具，包括橡皮、小刀、直尺、胶棒、圆珠笔、涂改液等，堆得像小山一样。重要的是，这些文具几乎还都能用。

尚能使用的文具为何无人认领？很大程度上是因为孩子们还没有珍惜自己物品的意识，还没有养成良好的节约习惯。

在这一代孩子的铅笔盒里装满了幸福，而这幸福来得太容易。父母们都觉得自己当年没条件，而现在有条件了，再苦不能苦孩子，再穷不能穷学习。于是孩子学习上要什么给什么，缺什么买什么。这就导致孩子不拿这些小东西当回事。

节俭是一种美德。它不仅能使我们家庭富裕、温馨，还能培养孩子艰苦创业的精神和奋发向上的品质。很难设想，一个挥金如土、贪图享受的"小少爷"或"大小姐"，将来能成为艰苦创业的栋梁之材。

关于节俭，有这样一个故事。

有一个人从一无所有变成了全城最富有的人，许多人就去找他询问致富的方法。富翁说："假如你有一个篮子，每天早晨在篮子里放进十个鸡蛋，每天晚上再从篮子里拿出九个鸡蛋，最后将会出现什么情况呢？"

"总有一天，篮子会满起来，"有人回答，"因为每天放进篮子里的鸡蛋比拿出来的多一个。"

富翁笑着说："致富的原则就是在你放进钱包里的十个硬币中，最多只能用掉九个。"

这个故事要说的是：除非养成节俭的习惯，否则你永远不会积聚财富。一元钱对你来说可能微不足道，但是它却是财富得以生长的种子。如果一个人能够节俭地利用自己的收入，尽量减少开支，不支付不必要的消费，那么几乎所有人都能够自给自足。

但不幸的是，这却是世界上最困难的一件事情。许多人甘愿艰苦地工作，但是能够做到生活节俭，量入为出的人却非常少。那些把辛苦工作赚来的钱立刻就花掉的人，他们的收入没有多久就会被吃喝一空，他们从不拿出一小部分作为积蓄，以备在疾病或者失业等紧急情况下使用。所以在金融危机来临的时候，他们陷入了困境，甚至要破产。这些从来不为将来准备的人不会比一个乞丐过得更富足。

在培养孩子节俭的习惯上，父母们完全可以从一些小事做起。

我们不妨就以孩子常用的作业本来说。

鹏鹏上五年级了。平时他的作业本未用完就急着换新的。看着一本本未用完的本子，妈妈很心疼，多次提醒他，但收效甚微。

放假前，妈妈让他把未用完的作业本整理一下，清点出来。清点完了，妈妈问："一共有多少页没用的。"

答："96页。"

"能订几个本子。"

"每本30页，可以订三本。"

"如果我今天不让你清点，你就把这些当废纸扔了吧？"鹏鹏低下了头。

妈妈又说："一两张纸，看起来不起眼，但积少成多，不用了，就是浪费。你平时最爱看书，你也知道造纸是多么不容易！但你却毫不心疼地把一本本没用完的本子丢掉，这不是几角钱的问题，这样长期下去，你就会养成大手大脚、不注意节约的坏习惯。节俭，可是做人的美德啊！"

节俭其实就是一种理财教育，因为节俭就是一种理财观。只是有许多父母刻意避免在孩子面前提到"钱"字，生怕过早让孩子接触钱而形成对金钱的错误认识。

而在美国，对孩子的理财教育从3岁就已经开始；在英国，政府决定在小学就开始设置理财教育课，并随着年龄的增长开设不同的理财教育内容，让孩子从小就正确地对待金钱和使用金钱，并学会初步的理财知识和技能。

现代消费市场上，琳琅满目的商品不断更新换代，它们不仅吸引着成年人的目光，对喜欢追求时尚的青少年来说，也是一种极大的诱惑。

然而，生活在比利时的孩子们，却从八九岁起就懂得了如何"精打细算"地支配自己有限的零花钱。在比利时，常常能听到孩子们说"我还没有攒够钱，不能买自己喜欢的东西""我的钱要等到商品降价时才能用"之类的话，因为他们知道，父母在给零花钱方面是绝不会迁就他们的。在比利时父母眼中，零花钱是孩子们初学理财的工具，而不是提供单纯的物质享受条件。

翻开比利时孩子们的德育课本，你很难在里面找到专门教育孩子要节俭的话语或经典故事，因为学校和父母们更注重从生活道理上对孩子言传身教。

在比利时，通常从8岁开始，孩子们每周就能从父母那里得到零花钱了，但金额不多，多是几枚硬币。孩子们要想买到自己喜欢的东西，必须一点一滴地慢慢积攒。虽然每个家庭给孩子零花钱的标准不一，但父母们培养孩子节俭意识的原则是一致的，即不会给孩子额外的"补贴"，他们必须有计划地支配自己的零花钱。当然，如果孩子攒的钱还不够，而他又确实想尽快买到自己想要的东西时，可以先向父母借，然后再用以后的零花钱慢慢偿还。这种办法能让孩子体验到满足消费欲所要付出的代价，从而帮助他们节制消费欲，避免任性消费。

布里吉是五个孩子的母亲，其中三个孩子用慢慢攒钱的方法买了手机,目前还有一个孩子正在攒钱,准备在三到五年后买一台电脑;还有一个孩子用向父母借钱的方法买下了自己喜欢的一张游戏碟,但后来三个月的零花钱也被陆续扣掉了。这张碟对孩子来说得来不易,他付出的是三个月没有零花钱的"代价",学到的却是在消费面前应有的谨慎和思考。

对孩子来说,从小养成节俭意识既是一种美德,又是一种生活能力。父母的消费方式和行为对孩子起着潜移默化的作用。在这方面,父母们应谨慎行事。在花钱之前,先制订一个消费计划,告诉孩子哪些该花、该怎么花。

同样,父母在给孩子零花钱时也应建议他们存一部分,并帮他们制定一个有计划的消费"目标"。这样,孩子们在买东西前就会再三权衡自己最需要什么,由此学会选择并意识到自己不可能拥有所有喜欢的东西。

心理学家认为,父母要根据家庭的实际情况制定零花钱标准,尤其应该符合孩子的实际需要,不能一味地张口就给,更不该给孩子买大量礼物、品牌服装和时尚用品。因为钱来得太容易对孩子们来说并不是件好事,它不仅会造成孩子自命不凡和不合群的性格,还会使他们缺乏自立能力和吃苦耐劳的精神,给他们将来的生活带来不利影响。

为了培养孩子节俭的习惯,建议父母们从以下几点做起:

1. 教育孩子正确认识金钱的含义

要让孩子从小懂得钱是什么,钱是怎么来的和怎样正确地对待钱财。

2. 教孩子学会花钱

孩子的消费行为是由被动逐步走向主动的，从小学低年级开始就应该教孩子买东西，如何用钱，如何选择物有所值的物品。教孩子把钱保管好，防止丢失、被窃。让孩子养成先认真思考再花钱的习惯，避免盲目消费。让孩子"一日当家"、记收支账，是教孩子学会理财、培养节俭品质的好方法。

3. 教孩子学会积累

孩子手里的零用钱、压岁钱应该有计划地使用，适当积累。让孩子在存钱、用钱的过程中养成节俭的好品质。

4. 教孩子懂得量入为出

要让孩子明白，花钱必须有经济来源，花钱要看支付能力如何。即使家庭经济富裕，也要坚持前面提到的三条标准。

5. 教育孩子珍惜物品，不浪费

让孩子懂得所吃、所穿、所用皆来之不易，随意浪费是不珍惜劳动果实、不尊重劳动的表现。让孩子经常参加劳动，体会劳动的艰辛。

让孩子成为真正的动手操作者

"孩子的智慧在手指上"，换句话说就是，要开发孩子的智力，最简单高效的方法就是让孩子多运动自己的双手。特别是幼儿时期,孩子的大脑发育很快,双手动作灵活,这时多动手更能促进头部机能的发展,使大脑变得更聪颖。世界上有许多奇思妙想,都是通过手变成现实的:劳动的手创造了世界,也造就了人类。

所以说,培养孩子从小动手操作的好习惯是非常重要的。

实践也证明,许多成功人士所取得的成果,也都是通过无数次动手操作才取得成功的。

诺贝尔,世界杰出的科学家、发明家和企业家,17岁时赴外国学习和参观,学习机械、化学等知识,回到瑞典后从事硝化甘油的研究工作。之后一直从事炸药的研究、制造、生产、销售工作,同时也涉及其他的科学领域。

在诺贝尔的一生中,他的父亲对他的影响最大。他的父亲是一个"发明狂"。在父亲的影响下,诺贝尔对炸药产生了浓厚的兴趣。

有一次父亲带诺贝尔去参观自己的火药工厂。诺贝尔接触到了许多使他感到新奇的事物。此后,诺贝尔就更加勤奋地阅读各种书籍,尤其是有关科学研究的基本原则,有关机械、物理、化学方面的书,好让自己快一点明白父亲所说的那些陌生的东西。他在父亲的书架上,找出化学读本,翻看制造火药的方法。当他发现火药就是用硝石、木炭和硫黄混合制成的时候,兴奋不已,并准备亲自尝试火药的威力。

备齐了原料,他便在药品库中找到装硝酸钾的瓶子,并把里面的白色粉末倒在小袋子中,拿回家后立刻关起房门开始做实验。

经过一次次改进,他终于找出了一种最佳的混合比例,使火药的威力显著增强。在实验中他不断总结经验,还发现一个有关炸药的基本原理:把火药包扎得越紧,爆炸的强度就越大。

就这样,诺贝尔从游戏中、从不断的实践中完成了一个突破,为他以后从事炸药事业跨出了重要的第一步。这一步来自他对自然的好奇,来自他对书本的钻研,来自他对危险的无畏,最重要的是来自他反复的实践操作。可以说,是"手"为创造力提供了一套"有思想的工具"。

培养孩子善于操作的好习惯,是为了使孩子的身心头脑更协调,这也是家庭教育工作的关键和指南。著名教育家蒙台梭利指出:自由就是动作,动作是生活的基础,动作练习具有发展智力的作用;教导孩子动手"操作"是一件很复杂的事,如果没有适当的教导,他们的操作便会乱七八糟,而这类杂乱无章的动手操作正是孩子的特征;如果父母教他们动手操作,使其动作有明确的目的性,孩子便会静下心来成为一个真正的动手操作者。

手是伟大的,父母培养孩子从小动手操作的好习惯,相当于给孩子埋下了一颗"长青果"。至于如何培养孩子从小动手操作的好习惯,我们建议父母从以下几点入手:

1. 让兴趣引导孩子勤动手

孩子对身边的一切新鲜事物都有着很强的好奇心,这是由人的本性所决定的。孩子会认为帮助父母是一件很光荣的事,父母应趁此机会让孩子勤动手,并引导其成为一种习惯。

孩子常常会摆出"小大人"的样子,说"我自己来,我会""妈妈放手,我能"等言语。在这种情况下,父母应该放手,让孩子自己来。

在生活中,父母可以用一些废弃物品与孩子共同动手制作工艺品,比如用蛋壳制作人头像或用泡沫雕刻一些形状简单的东西。这样一方面能让孩子从小认识到双手的魅力,并让其懂得生活中有很多废弃物是可以利用开发、变废为宝的;更重要的是,"成就感"可以增强孩子动手的兴趣。

平时要多买一些手工制作图片或书籍,让孩子从中展开制作的想象力,并逐步培养自己动手制作的兴趣。多让孩子做一些动手的游戏,像折纸、剪纸、粘贴、组装玩具等,多为孩子提供动手的机会。

2. 鼓励动手,增强孩子的信心

称赞是鼓励孩子、增强孩子信心再合适不过的一种激励方式。

当孩子做出一些"小成绩"的时候,你不要忘记告诉孩子,他们是多么的优秀;当孩子帮你做了某一件"小事情"的时候,切不可忘记告诉孩子,你是多么感激他们对你的帮助。这种真诚的感谢会令孩子更积极、更认真、更负责地做一个自信、热爱劳动的好孩子。

不要让孩子失去动手的机会。有时父母会因为孩子动作太慢、太笨,而代替孩子去做。这样容易使孩子养成依赖心理,产生很大的惰性。不要强迫孩子做其不愿意做的事,或者其力所不能及的事，希望孩子做的，一定是孩子能够完成的，否则会挫伤孩子的信心与勇气。因为父母一个否定的眼神或一声消极的语气，都对孩子有极大的"摧毁力"；相反家长一个赞赏的表情或一句激励的话语，又有着使孩子充满自信并取得成功的力量。

3. 手脑结合开发孩子的智力

孩子的动手能力是对大脑发育最好的刺激。3岁前父母应该教孩子握笔、写字、做手工、拿筷子等，动手的同时就将新的刺激源源不断地输入大脑。脑的使用度愈频繁，其成熟度就会愈高。

脑越用越灵，手越用越巧。因此，父母应该安排孩子做一些必要的家务活。例如，起床后自己叠被、扫地、擦桌子、饭后洗碗、刷锅、购买小件物品等。这些应当要求孩子主动来做，这对孩子能力和责任心的培养作用都不可小视。

父母可以帮助孩子做一些简单的小实验，让孩子在动手的过程中开发智力，体验成功的快乐。使孩子的思想及时地由被动操作向主动实践转换，从而养成手脑并用的好习惯。

让孩子养成良好的卫生习惯

有人认为，"不干不净，吃了没病"，这是缺乏科学根据的。在现实生活中，确有那么一些人不怎么讲究卫生，而身体也还健康，但是他们的身体健康并不是由于卫生造成的，而是受其他因素的影响。例如，阳光充足，空气新鲜，活动充分，营养齐全等。

如果他们再注意讲究卫生，身体会更加健壮。

孩子的抵抗力比较差，容易感染各种疾病，更应注意讲究卫生。孩童期是习惯养成的重要时期，抓紧这个时期进行培养，使孩子养成良好的卫生习惯，将收到事半功倍的效果。

那么，应该怎样培养孩子良好的卫生习惯呢？

1. 教孩子养成良好的饮食习惯

教育孩子不吃不洁净的食物。地上捡的东西绝对不能随便往嘴里放，生吃瓜果一定要洗干净，最好削皮。有的孩子生吃瓜果时只在自来水龙头下把瓜果一冲就算洗过了，其实这达不到消毒杀菌的目的。应该用刷子或丝瓜瓤擦上洗涤液把瓜果刷洗干净，再冲洗两遍，然后用干净的布擦干净才能吃。

2. 培养孩子养成保持身体和服装整洁的习惯

勤理发、洗头、洗澡、剪指甲。这不仅能清洁身体，保证卫生，而且能够促进血液循环，增进健康。

看书、绘画时保持正确的姿势，即眼距书本一尺，胸距桌沿一拳，握笔时手指与笔尖距离一寸，不在光线太强、太弱的地方看书和绘画，不用手或脏手帕擦眼睛。

保护鼻道，不抠鼻孔，养成用鼻子呼吸的习惯。这样可以使吸入的空气在经过鼻腔时变得洁净、温暖和湿润，保护呼吸道和肺，使它们免受伤害。

不挖耳朵，不将异物塞入耳内，洗脸洗澡时不把水弄进耳内，以免损伤鼓膜，引起中耳炎，影响孩子的听力。

教孩子经常注意自己的衣服是否干净整齐，所有的扣子是否扣上了，鞋带是否系好了。还要教孩子经常洗头发，注意自己的头发是否整齐。

3. 督促孩子养成良好的盥洗习惯

常言道：饭前便后要洗手，肠道疾病不会有。睡前洗干净，睡觉也轻松。其实好处何止这些，良好的盥洗习惯会使孩子收到更多的益处。

（1）教孩子饭前便后洗手

人的双手每天要接触很多东西，最易沾染上各种污物和细菌。据查，一只未洗净的手上有4万到40万个细菌，1克重的指甲垢里藏的细菌和虫卵就有38亿之多。所以父母一定要使孩子养成饭前、便后和手脏时及时洗手的习惯。

父母应耐心地告诉孩子为什么饭前便后要洗手："因为手上摸了许多脏东西，在吃饭前不洗干净，吃进肚子里就会生病，肚子就会长出虫子来。"孩子很容易明白这样的道理，会愉快地去洗手。但孩子往往几天新鲜，坚持不了多久，在这个时候父母一定要提醒孩子。父母的表率作用对孩子也有着很大影响，只要持之以恒，孩子就会养成良好的洗手习惯。

父母要为孩子准备好肥皂、擦手毛巾，放在孩子自己容易取拿的地方，要让孩子用流动水洗手，这样符合卫生要求。父母还要提醒孩子，掌心手背都要洗，并教给孩子正确的洗手方法。往往通过父母的一次示范动作，孩子就能心领神会，很快学会自己洗手了。

（2）早晚刷牙、洗脸，饭后漱口

父母要让孩子养成早晚刷牙、洗脸，饭后漱口的习惯。

刷牙的目的是把残留在牙缝和口腔里的食物刷干净，起到保护牙齿和口腔清洁的作用。如果不刷牙或不会正确地刷牙，口腔里残留的食物就要变质，细菌就会很快地繁殖，不断地侵蚀牙齿，还会引起口臭和牙痛。为了保护口腔清洁卫生，预防牙病，就要养成天天睡前刷牙的卫生习惯。

有些家长认为孩子的乳牙早晚要换，不必注意对它的保护，这是错误的。如果不注意保护乳牙，一旦它被龋坏，将影响对食物的消化与吸收，不利于孩子的生长发育。乳牙被龋蚀还会影响恒牙的生长发育。

要教孩子采用正确的刷牙方法，即竖刷法。刷上牙时要从上往下刷，刷下牙时要从下往上刷，里里外外都要刷，保证每个牙面都刷到。刷后用清水漱口，千万不要左右横刷牙齿，因为横刷不但刷不干净牙齿，还容易磨损牙齿和牙床，破坏牙齿表面的保护层——釉，容易使牙龈出血，患牙周炎等疾病。

孩子的自觉性、坚持性比较差，一两次的早晚刷牙并不能形成习惯，所以父母特别要注意督促提醒，才能使孩子刷牙的良好习惯不断强化，并逐渐变成自觉的行动。

（3）洗脚

睡前用温水洗脚能迅速消除疲劳，促进血液循环，使脚部肌肉松弛，感觉舒服，易于入睡。先卷好裤腿，把脚放到水里泡一会儿，用手擦肥皂搓洗脚面、脚跟和小腿，然后用清水冲洗，再用毛巾擦干。

只要父母有耐心，孩子会自然地养成良好盥洗的习惯。

4. 教育孩子养成保持周围环境整洁的好习惯

不乱扔果皮、纸屑，不随地吐痰和擤鼻涕，不随地大小便。这对保障人们身体健康有重要意义。据化验，马路上20%的痰都带病菌，结核病人的一口痰里就大约有四五千个结核菌，这些带病菌的痰干了以后，会随风到处飞扬，污染空气，危害人们的健康。因此，从孩子到大人都要养成不随地吐痰的良好习惯。另外人在患病时咽喉和鼻腔里往往有大量的病菌，打喷嚏时很容易将病菌喷出来，所以应该教孩子在咳嗽或打喷嚏时用手帕捂住口鼻。

不乱涂墙壁，不踩桌椅。不仅在家里要做到这点，而且在公园、电影院、公共汽车站等公共场所也要做到。

培养良好的生活卫生习惯是件平凡而细致的工作，要持之以恒地要求孩子。通常运用示范、讲解、提示、练习等方法，给孩子以具体的指导和帮助。当孩子还不会做某件事情时，我们就要向孩子示范并伴随着讲解，教给他们如何做。如果孩子已经会做这些事情，只是还没有完全形成习惯，那么大人就需提醒他们，从而帮助孩子完成这些他们应该做的事情，并逐渐养成习惯。

不断强化孩子积极参与的意识

孩子在两三岁的时候存在着"我自己来"的心理要求,但这时他们往往什么也干不好。有的父母图简单省事,对孩子的这种主动性和表现欲采取不理睬的态度,仍像原先那样包办一切,结果阻碍了孩子心理的健康发展。

孩子要求"自己来"的时候,父母应因势利导,教他们一些自我服务的技能。其实,这种教育是很简单的,只要父母端正态度就可以了。

一般来说,从身边的事情教起,比如穿衣服、脱衣服、吃饭、洗手、收拾玩具等。教这样的孩子不要急于求成,每件事都可以分解成若干小步,每次做到一两个小步,逐渐达到熟练的程度就可以了。

可以专门为孩子准备一些小工具,如小喷壶、小围裙、小拖把等。这样既能教会孩子技能,还可以给自己添个小帮手。

孩子有参与意识是好事。很多孩子,特别是小孩子,常常看见大人们做什么,就吵着也要做什么。

男孩子看见哥哥或父亲骑自行车,就会哭着要骑自行车。虽然他的脚还踢不着踏板,却总是跃跃欲试。女孩子看见母亲洗衣,有时也哭着要洗衣。这既是孩子有参与意识的表现,也是孩子开始出现独立意识的表现,他们希望像大人一样有事可做。

因此,如果孩子出现这样的要求,父母不要随便给他们泼冷水,"你人才比车子高一点,就想骑车子,别把车子摔坏了""人小小的,就想洗衣,不要把衣服洗脏了"等。

泼这样的冷水是很容易伤害孩子自尊心的,对他们的健康成长十分不利。孩子可能确实是太小了,还不能做这样的事情,可是能不能做这样的事情与孩子的参与意识相比,前者就显得微不足道了。

孩子有了参与意识,有自己尝试的意愿,父母就应该尽力协助,给予孩子自由发挥的机会。这对孩子的成长很重要。孩子如果成功了,父母要加以鼓励。如果没有做好,不应责备,更不应该从此以后不让孩子做这样的事情,因为任何事情都有一个学习和熟悉的过程。

当孩子们要求做某种尝试时,即使我们知道会有许多困难,或者不会成功,也还是应该给孩子一个尝试的机会,让他们去考验自己的才能。有时孩子可能会想出父母想不到的办法,产生超乎寻常的构思。如果事先就以肯定会失败为由而不许孩子尝试,那么孩子内心潜伏的无限可能性就无法得到发挥。这种害怕失败的心理状态,会使孩子不敢轻易尝试新的事物,养成孩子保持缄默、消极和被动的不良习惯。

事实上,任何人走向成功通常都要经历无数次的探索与失败。任何人在做一件事情的时候,都有一个学习与实践的过程,而且开始通常也都是做不好的。通过不断的实践,才由做不好达到做得好。

就以洗衣服这样一件简单的事而论，一个人初次洗衣服时肯定洗得不干净。因为他没有洗过，没有经验，不知道怎样才能洗得干净。做饭也是一样的，很多人第一次做饭，不是少放了水，把饭煮得过硬，就是多放了水，把饭煮得过稀。这是不足为怪的。因而，如果孩子第一次做什么事，做坏了，父母不要过于责备，而应帮助他总结经验，找出没有做好的原因，下次加以改进，可能就会做好了。

"失败是成功之母"，说的就是这个意思。没有失败，哪里会有成功？不过这个道理说起来简单，做起来却并不容易。有些父母看见孩子没有把事情做好，就干脆自己过来代劳。他们的说法是："我自己动手省事得多。"这种越俎代庖的做法，对教育孩子是极为不利的。

对孩子的选择和决定，父母既应监督，也应检查。必要时，还应给予帮助，帮助和启发孩子做出正确的选择。这是因为孩子的选择有时不一定完善，可能会有不够妥当和欠缺的地方。只要没有什么不良的后果，父母就应尽量不插嘴，让他们自己去总结，并从中吸取教训。这样，孩子可能会取得更大的进步。

儿童心理学专家做过一项测试：父母在超市购物的时候，让孩子与父母选购物品，一般来说，孩子都会与父母合作，很少出现不听话或使性子的举动。购物的时候，父母可以诱导孩子，让他做一些小小的选择，比如问孩子："我们今天是买梨呢还是橘子？"并且要经常鼓励孩子，比如说："宝宝帮妈妈找到麦片了，真乖。"父母只要这样自始至终地鼓励孩子参与，自然比等孩子捣乱的时候再想办法制服他更有效。

当然，在此过程中，父母的态度一定要平和，目的要明确。父母要求孩子参与的时候，态度要很温和，不要使用犹豫、不耐烦及粗暴的口吻。一句话，就是要让孩子明白父母到底要他做什么。比如父母要带孩子出门，不能说"快，走了"这样很笼统的话。而应该蹲下去，正眼看着孩子，很和气地说："把外衣穿好，帽子戴好，我们要出去了。"孩子如果按照要求做了，父母就应该抓住这机会进行表扬，强化孩子的这种行为。

具体地说，父母可以采用以下几种方法强化孩子的参与意识。

1. 父母给孩子选择的权利

要让孩子参与，就要给孩子相应的权利。有的父母错误地认为，孩子如果有了适当选择的权利，就会产生占了上风的感觉。因此，常常只让孩子在"是"或"不"之间进行选择。其实这样会限制孩子的思考范围。但话又说回来了，刚开始的时候，也应提倡孩子在两样东西之间进行选择，以免把选择范围弄得太大，孩子无法进行有效的选择。

如果孩子选择了父母所提供的范围以外的东西，父母可以这样教导孩子："这个选择不错，但它不在我们选择的范围之内。"让孩子有不符合游戏规则的感觉。

2. 让孩子感到同父母一起做事有意思

孩子之所以愿意与父母一起做事，很大程度取决于有没有意思。比如，孩子刷牙的时候，父母给他念一首刷牙的儿歌，让他跟着歌中的步骤刷牙，孩子就会感到很有意思。如果孩子拒绝穿衣服，父母可以对他说："听，小裙子说话了：我是你的小裙子，快点快点把你的头伸进来。"父母大概会觉得这样做有点可笑，但孩子却是很喜欢的。

3. 父母要强调合作的益处

父母要让孩子知道，跟大人合作也是为了他自己好。如果孩子明白了这一点，就会产生很高的积极性。一般的情况是，两三岁的孩子已经懂得好多道理了，父母用孩子能够接受的语言跟他解释做这件事对他的益处，孩子是可以接受的。比如说，"你和我一起把桌子收拾干净就可以画画了""你换好睡衣就可以听妈妈讲故事了"。

只有希望参与，才可能取得最后的胜利。即使孩子失败了，也不要灰心，要敢于让他接受再一次的失败，再进行下一次的参与。有这样的决心，你还怕孩子不积极参与吗？

有意识地培养孩子的自立能力

动物会在孩子长大后把它们从身边赶走，逼迫孩子去独自生存。这种行为看似残忍，实则最有利于孩子的成长。作为高级动物的人类，有多少父母能狠下心这样做？父母对孩子发自内心的百般呵护，是爱孩子还是害孩子？为什么现在许多孩子的自立能力这么差呢?

在发达国家的家庭里,父母们普遍重视从小培养孩子的自立能力和自强精神,因为发达的市场经济要求社会成员必须具备这种能力和精神。

瑞士的父母要求女儿初中一毕业就去有教养的人家当一年左右的女佣,上午劳动,下午上学。这样做,既可以锻炼孩子的劳动能力,还有利于孩子学习语言。因为瑞士有的地区讲德语,有的地区讲法语,所以女孩子可以边当佣人边学语言。其中也有相当多的人以同样的办法到英国学习英语。掌握了三门语言后,就去办事处、银行或商店就职。

在德国,家长也是培养孩子从小就自己的事情自己做,从不包办代替。法律还规定,孩子到14岁就要在家里承担一些义务,比如要替全家人擦皮鞋等。这样做,不仅是为了培养孩子的劳动能力,也有利于培养孩子的社会义务感。

日本的父母在孩子很小的时候,就给他们灌输"不给别人添麻烦"的思想。全家人外出旅行,不论多么小的孩子,都会无一例外地背一个小背包。因为里边装的是他们自己的东西,父母觉得应该由孩子自己来背。孩子上学以后,大都要在课余时间,参加社会劳动挣钱。大学生常靠在饭店端盘子、洗碗,在商店售货,做家庭教师等挣自己的学费。

美国父母培养孩子的出发点是,把孩子培养成富有开拓精神、能够自食其力的人。美国人在孩子刚刚出生时,就开始培养孩子的独立性,让孩子与父母分床、分室而居。孩子逐渐长大,父母就开始刺激孩子的欲望,"你想做什么,你可以去做,你可以失败。"无论是孩子踢被子也好,摔东西也罢,这些都是孩子做事的欲望,正是这种日常事件刺激着孩子的欲望。

  美国父母从孩子小时候就让他们认识劳动的价值,让孩子自己动手修理、装配摩托车,到外边参加劳动。即使是富家子弟,也要自谋生路。农民家庭要孩子分担家里的割草、粉刷房屋、简单木工修理等活计。此外,还要外出当杂工,出卖体力,如夏天替人推割草机,冬天帮人铲雪,秋天帮人扫落叶等。因此,十几岁的孩子独立承担大人的一些事情是常有的事,他们可以独立开车,独立做裁判,独立做一些事情赚钱,这些都是父母从小培养独立性的体现。可见,培养孩子的独立性不可忽视。

  有人认为美国的父母很自私,宁可自己去看电影,而把刚出生不久的孩子丢给保姆;宁可自己睡着二人世界的房间,而把孩子独自一人留在自己的小睡房……美国人是不是不爱孩子?相反,中国父母虽然用对孩子的100分爱,来证明自己是多么的称职,而恰恰是这种爱,很多时候扼杀了孩子的独立性、自信心,甚至孩子将来的成功。

  独立是一种很重要的品质,从小不培养孩子的独立性,孩子很难建立自信,而没有强烈的自信心,也很难有较强的独立性,也就很难成功。

  那么,父母应怎样从小就培养孩子的独立性呢?

1. 不要把孩子想得那么娇气

新生儿看上去很娇嫩,很多父母总是担心:"别伤着孩子。"其实,孩子是没那么娇气的。孩子有近四公斤体重时就开始自行调节体温了;他们甚至对大部分病菌也有了良好的抵抗力;他们每时每日都在成长。即便是刚出生不久、极度需要照顾的婴儿也仍然是一个独立的个体,他的内在成长力是未来独立的基础。所以,不必担心孩子将软软的头颈向后仰了就会伤害;也不必为孩子那未闭合的囟门而担惊受怕,因为它非常结实,足以保护孩子了。

2. 关爱孩子,但切忌过度照顾

孩子对母亲的依恋始于婴儿出生后最初几天的母子接触。之后孩子会越来越依赖父母或其他直接照管者。依恋是孩子对亲情的需要和体验,是一种情绪反应。安全性的依恋对孩子的心理健康有利,是日后社会关系形成的基础。依恋发展正常的孩子,并不需要成人时时伴随。只要在孩子有需要时,父母能出现在他身旁,满足其生理和心理的需要,其他时间孩子是能够独处的。

因此,忙碌中的父母,要尽可能地去关爱孩子,这是对幼儿的最佳教养方式。你可以在进厨房时,把坐在车内的孩子推到身边;你在读书写作时,抽空对他微笑,和他玩一会儿;也可以在睡前给他讲故事、朗诵诗歌……总之,父母和孩子各自拥有空间和时间,这样,孩子才会更快乐,与父母更亲密。

父母切忌过度照顾孩子。父母一刻不离孩子,只会让孩子形成过度的依恋。这种不正常的情绪反应,对孩子独立性的发展是十分不利的。

3. 离开时要向孩子打招呼

孩子1岁半到2岁半之间对父母的依恋最强烈。专家指出，如果孩子到了2岁左右还没有依恋，或者孩子到了3岁以后，依恋性还非常强的话，都不利于孩子将来走向独立。

也就是说，孩子在1岁半到2岁半之间，依恋父母是非常正常的。这是孩子生长发育的一个过程，是孩子自我意识形成的阶段，这时孩子接受新鲜事物需要有一个转折。父母一定要把握这个过渡期，不然的话，往往就会伤害到孩子。

在与孩子分开的时候，父母要向孩子打招呼，包括提前的打招呼预防。比如说妈妈待会儿要上班。先让孩子对你将要做什么有一个基本的了解，基本的感受。即便到时候，孩子仍会有情绪反应，父母也要跟孩子说再见，这样的话孩子就很明确，你的确是走了。如果父母偷偷溜走，一会儿孩子发现妈妈不在，就会觉得很奇怪："妈妈刚才还在，为什么现在不见了？"反而会给孩子造成焦虑。

父母要把孩子分离的焦虑，变成一种重逢的期待。父母可以告诉孩子，比如说你睡醒了妈妈就回来了，你吃完点心妈妈就回来了。回来之后再加以印证："是不是你吃完饭，妈妈就回来了？"这样逐渐让孩子适应。

4. 让孩子在集体中发展独立性

孩子进托儿所和幼儿园的初期，往往会产生恐惧和不安的情绪。解决好这一问题，对父母和孩子都是一个考验。

父母自身对孩子参加第一个社会团体要做好充分的思想准备，以积极愉快的态度让孩子快快乐乐进幼儿园。父母可以让孩子从小就接触同伴；经常让他到大自然中去；让他和其他成人接触；入幼儿园时向教师详细介绍孩子的特点和情感表现，让老师多帮助孩子。这样，孩子就会逐步成为友好集体的一员，在集体中培养发展出来的独立性更具社会价值。当孩子学会自己照顾自己，自己排队，自己洗手，自己做一切能做的事，甚至独立操作和解决一些困难时，独立和自信就能自然发展。

5. 合理利用孩子的独立意识

2～3岁的孩子独立意识很强，想要摆脱父母种种束缚，他能力不够，却事事都想"自己来"。

比如，该吃饭了，妈妈习惯性地坐在孩子身边准备喂他。谁知孩子的小手紧紧地抓住碗，说："自己喂，自己喂，不让妈妈喂。"这时父母应让孩子自己吃，教孩子怎样拿碗，怎样拿勺，怎样往嘴里送，妈妈自己再拿一把勺，适时地帮孩子一下。并及时地夸奖孩子："宝贝真棒！会吃饭了！"孩子就会很高兴，从而体会到自己做事的乐趣。

相反，如果父母忽视孩子身体活动的需要和心理成长的需要，事事代劳，处处设防，就会引起孩子的"反抗"。父母应当细心观察孩子，了解孩子的独立意向；相信孩子，放手让孩子做自己想做又能做的事，并对孩子经过努力做成的事给予适当鼓励；让孩子在游戏中扮演大人，照顾娃娃；给孩子更多的行动自由，养成必要的独立习惯。这样，孩子发展的独立倾向就得到了保护，孩子就能顺利成长。

独立性与孩子的自我意识、情感发展、智慧增长、个性成长密切相关，是关乎孩子未来能否成功的重要心理品质。因此，父母就把爱"隐藏"起来一点，让孩子在独立中成长吧！

让孩子对体育运动产生兴趣

看看现在的孩子，肥胖的孩子普遍增多，孩子的肺活量下降，近视发生率也随着孩子的年龄的增大而提高，孩子的身体素质也在下降，这些都充分说明了孩子缺乏体育运动。

有的父母说，孩子天生就喜欢安静，不喜欢运动。其实，很少有孩子天生排斥运动的，孩子们的天性中总是充满了活泼好动的因子。那些不爱动的孩子也不是天生就是安静的，是因为父母把他们好动的因子全部扼杀在了胚胎之中。看一下以下几个例子，就能够明白，为什么孩子不喜欢运动。

玲玲的爸爸在设计院工作，是设计院的主要工作人员。可能是由于自己的身体不太好，经常生病，所以，当玲玲出生之后，爸爸就对玲玲百般呵护，生怕女儿像自己一样文文弱弱的。穿衣戴帽是春捂秋也捂，平时的饮食也是添脂又加钙。然而，在父母如此精心"喂养"下的玲玲却一点都没有让父母省心。该病的还是病,康复起来比别的孩子还要慢得多。

虽然说不能排除玲玲的多病有体质方面的遗传因素,但是,玲玲父母的观念也存在着明显的误区。要知道,如果能够吃饱穿暖就能健康无忧、远离疾病的话,那么,人的健康来得也太容易了。事实上,父母的这种过度保护,反而剥夺了玲玲锻炼的机会,削弱了她与生俱来的抗病能力。如果玲玲的父母能够让玲玲坚持做一些体育锻炼的话,可能会比这样的情况要好得多。

别看小强才刚上小学,小眼镜可早已经戴上了。这眼镜可不是白戴的,小强在幼儿园的时候就已经是远近闻名的"小博士"了。有一些连老师都不一定知道的知识,小强说起来却滔滔不绝。当他上了小学之后,每一次知识竞赛他都参加,而且每次都能够获得大奖,连老师们都戏称他是"竞赛专业户"。但是,每次竞赛都不缺席的"竞赛专业户"却主动放弃了一次竞赛。那一次的体育竞赛,小强本来是很想参加的,可是妈妈却不同意,因为小强没有时间参加赛前训练。老师在做小强妈妈的工作时,妈妈解释说:"每天都要抽出两个小时的时间,为的就是去参加一个什么体育比赛,有这个必要吗?再说了,就是拿了名次又能怎么样?我家小强的时间很紧,就算是有多余的时间,我还想让他多学一点东西。"见小强的妈妈那么坚持,老师也没有办法,只好叹气作罢。

显然,小强的妈妈是把让小强"多学些东西"局限在了"书本知识"的范围内了,她认为体育没有什么重要的,孩子需要的只是学习。小强妈妈的这种观点是很多父母都有的,但是,有没有想过,如果孩子没有一个好的身体,再多的知识又有什么用?

亮亮是一个普通得不能再普通的孩子,放在孩子堆里,丝毫不显眼,也不会让人多看两眼。但是亮亮却非常想让同学们注意到自己,然而同学们似乎都不太愿意理他。亮亮认为,可能是因为自己没有地位,所以同学们才会不想理他。于是,他觉得自己必须得争取一点地位。然而,怎么去争呢?他的学习成绩虽然不能说太差,但是也只是在中等徘徊,至于艺术方面,他又没什么天赋。为此,亮亮十分苦恼。看着亮亮苦恼的样子,爸爸说:"亮亮,虽然你没有什么天赋,但是你可以练体育,你看你手长脚长的,不就是一个练体育的料吗?从明天开始,爸爸陪你一起晨跑!"亮亮听了,觉得爸爸说的是一个好主意。于是,亮亮开始了体育锻炼。在学校举行的一次体育比赛中,亮亮获得了长跑第一名。这个名次还挺管用,刚从场上下来,同学们就把他围了起来。亮亮的感觉可好了,从此,他做什么都有劲,学习成绩也提上去了。

其实,亮亮要的只是一种赢的感觉,这是小孩子的一种很正常的心理需求,很多体育运动都可以给孩子这样的感觉。这里,亮亮的爸爸给亮亮打下了很好的基础。试想,如果爸爸对亮亮的苦恼视而不见的话,如果爸爸不陪亮亮晨跑的话,可能亮亮就不会取得好成绩了。所以,父母应当重视孩子的体育锻炼。

有很多父母都不太清楚体育的意义，他们只看到了"体"字，而没发现"育"字。他们认为，体育就是强身健体。其实，事情不是那么简单。从智力上讲，体育活动是孩子成长的一个重要生理刺激，对孩子神经系统的生长发育有重要的作用。智力之外，体育的意义更为深远和神奇，体育比赛可以强化孩子的规则意识；体育对抗可以培养孩子的勇敢精神；团体项目可以帮助孩子学会协作；耐力项目可以锻炼孩子坚忍不拔……

在体育活动中，孩子可以扮演很多角色。在这样多种人际关系的处理过程中，孩子的社会化进行也能得到有力的推进。智力、心理、品质、社会化等，这些都是现代家长最为关心的孩子的素质，而在体育里面，都能找到它们的因子。

体育锻炼是孩子终身的事情，正像智力开发有一个关键期一样，体质潜能开发也有一个最佳期。根据儿童身体发育专家的研究，4岁是开始体质潜能开发训练的最佳年龄，4～12岁是实施该训练的最佳时间段。所以，父母们要做的是让孩子对体育运动产生兴趣，而不是扼杀孩子的兴趣。

让孩子主动不挑食 •

曾经在一家报纸上出现了一个令人啼笑皆非的新闻：在一个小区里，举办了一个如何让孩子爱上吃饭的交流大会，参加大会的父母都表示，自己的孩子很长一段时间都挑食厌食，让他们很是头疼。

相信很多父母都曾经为这些头疼，孩子总是不爱吃饭，还挑食厌食，长此下去，孩子的营养肯定跟不上，会严重影响孩子的身体发育和健康。为此，父母也想过种种办法，比如分散孩子的注意力，让他不知不觉就吃了一口饭；提高自己的厨艺，做孩子喜欢吃的饭菜；根据医生的建议，给不爱吃饭的孩子另外增加营养，等等。可是都收效甚微。

怎样让孩子不挑食呢？我们可以借鉴"潜能教育之父"老威特的教子之道。

老威特认为孩子养成不良的饮食习惯，责任完全在父母。孩子挑食、厌食、贪吃等多种毛病都只是在父母的溺爱和纵容下任性自私的表现。然而不少父母在生活中不但没有丝毫悔悟，仍一味地满足孩子不合理的饮食要求，或者是诱骗孩子吃有营养的东西。事实上，只要改变了孩子对食物的观念，就能改变孩子不良的饮食习惯。

因此，与其花费大的力气去讨好孩子的胃口，不如从根本上帮孩子树立一个正确的食物观念，让孩子主动不挑食。当然，在此之前，我们首先要搞清楚的是，孩子的挑食厌食，是不是由于生病的原因。

父母要给孩子树立的第一个观念就是"粒粒皆辛苦"。当孩子了解到食物来之不易的时候，他们就会学着去珍惜食物，不再挑三拣四。

乐乐是一个小学二年级的学生，吃饭总是挑三拣四的，妈妈对此很无奈。有一次，妈妈带乐乐回了一趟农村的爷爷奶奶家，让乐乐亲自体会了一下劳动的艰辛，乐乐懂了食物的来之不易，慢慢地吃饭的时候再也不挑三拣四了。

当然，不是每个孩子都有乐乐这样的机会去亲自体验食物的来之不易。作为父母，也可以通过画画等方式，让孩子看看植物开花、结果、慢慢长大的过程，来让孩子感受到食物的来之不易。

其次，父母应该用一种简单易懂的方式让孩子了解一下营养学知识。方法一定是孩子们容易接受的，不能是长篇大论的。比如，可以通过一个小故事来说明不吃饭、挑食的坏处。

小明出生在一个生活富足的家庭里，父母从小明很小的时候就注意小明饮食的营养问题，可是，等到孩子稍微长大一点，出现了一个让他们很担忧的情况，那就是小明吃饭的时候只喜欢吃肉，不喜欢吃蔬菜。为此小明的妈妈经常给小明讲：要多吃蔬菜，不能只吃肉，不然营养不均衡，很容易导致身体出现问题。可是小明对此就是充耳不闻。

有一天，小明的妈妈在杂志上看到了一个很胖的小孩，便拿给小明看。

"小明，猜猜这个孩子怎么会变成这个样子呢？"

"嗯，他吃得太多了吧。"

"猜对了一半。"

"那另一半呢？"

"另一半就是这个孩子跟我们小明一样，从来只爱吃肉，不吃蔬菜。"

小明吃惊地望着妈妈。

"真的吗？"

"真的。"

然后小明低下了头，不说话了。等到再次吃饭的时候，妈妈就发现小明把筷子伸向了放蔬菜的盘子里。

此外，要给孩子少吃零食，孩子零食吃多了，会扰乱孩子正常的饮食规律，导致他在正餐时间拒绝吃饭。杜绝孩子吃零食和适当采用饥饿疗法，都有助于纠正孩子不爱吃饭的习惯。

孩子的饮食健康是孩子身体健康的保证，很多父母对此都是十分在意，但是切记不要太过紧张。除了加强孩子尊重粮食的意识和进食的控制之外，父母也需要"宠辱不惊"。不管孩子爱吃什么、不爱吃什么，都不要大惊小怪，因为这样只会让孩子觉得，吃东西是为了讨欢心，或者是为了发脾气，这就背离了饮食的本意了。

总之，在孩子成长的过程中，有一段时间出现挑食厌食是很正常的一种现象，父母对此无须太紧张，当然也不可置之不理，只要父母耐心引导，孩子是会主动不挑食厌食的。

帮孩子改掉丢三落四的毛病

孩子丢三落四是常见现象，孩子做事拖拖拉拉大手大脚，家长一边埋怨着，一边跟在孩子后面查缺补漏，恨不得天天跟在孩子后面，唯恐孩子因为忘了东西而耽误事。

很多家长都有去学校给孩子送忘记带的作业、学习用具的经历吧？孩子总是匆匆忙忙地赶着上学，发现东西忘了就打个电话给爸爸妈妈，于是家长就会冒着上班迟到的风险风风火火地先赶去学校给孩子救场。但不知道家长们有没有这样的发现：给孩子送了一次东西，孩子很可能过不久还会忘记带另外一样东西，还是会打电话向父母求助……

孩子之所以丢三落四，主要有三种类型：一是态度马虎，没有听完或听清别人的话，就急急忙忙去做；二是生活缺乏条理，东西总是乱放，没有合理的秩序安排；三是记忆力较差，对事情的考虑还不周全。用一句话来说，都是由于孩子缺乏自我管理意识造成的。倘若家长事事代劳，那么孩子的自我管理能力就很难完善，也就很难改掉丢三落四的坏习惯。所以建议家长不要总是抢着为孩子的行为"买单"，有的时候，让孩子吃点苦头才是最佳的教育方法。

虽然很多家长都想要自己的孩子没有丢三落四的坏毛病，可是一到丢了东西之后，便很快地安慰孩子，并且买新的代替。其实，只有多让孩子尝尝"苦头"，孩子才能记住以后应该怎么做，从而提高自我管理意识水平。

刚刚回家后一脸的害怕,原来他把新买的自行车又放到楼下,结果丢了。这是刚刚丢的第三辆自行车了。刚刚的爸爸知道后很生气,但话语中没有表露,只是告诉他既然这样粗心,那就自己想办法去学校吧。学校离家虽然不是特别远,但这段距离也让刚刚深深地记住了,做事情一定要细心。

一天,小磊的学校举行活动,规定要穿校服、戴红领巾。可是刚下楼不久,小磊就按对讲门铃,要爸爸给他送落下的红领巾。可是他的爸爸却一改往日快送的习惯,而是让小磊自己上楼取。上下5楼,对上学时间已是很紧的小磊,无疑是一个考验,但他终究没有拗过爸爸,只好自己跑上跑下,一溜儿小跑,累得气喘吁吁,还差点迟到,才弥补了自己犯下的"过失"。但是从此以后,小磊开始把"认真、细心"牢牢地放在心上,做事再也不那么粗心大意了。

要孩子改掉粗心、丢三落四的毛病,家长就要学会做个"懒爸爸""懒妈妈"。现在的孩子成了家中的"小太阳",说什么是什么,即使不说家长也会帮着做好。衣来伸手、饭来张口已经成为事实,长期下去,孩子的依赖性就会很强,也就很难真正地进行自我管理。所以,家长在生活中要学会理智地"偷懒",孩子忘了东西,家长就让他自己去拿,以此来培养儿童的独立性,放弃依赖性。如收拾书包,家长要尽可能地把这些小事交给孩子来做,让他们从小事中培养独立的习惯和责任意识。

如果孩子是因为思考不完善而导致丢三落四的话，家长可以适当地提醒孩子，但不要直接把结果告诉孩子，也不要主动帮孩子把事情补充完善。

让孩子记住一个道理：在做一件事情之前的准备过程中，一定要考虑清楚这件事情的每个环节和每个细节，不仅要全面、周全，还要考虑到一些潜在的突发情况，真正做到有备而来，才能把事情做好，不至于因为突发状况而累己累人。

不要让孩子做"电视土豆"和"网瘾君子"

孩子整天围着电视电脑，是让家长最不能忍受的一件事情。"你就不能下楼打打球？""再看都成傻子啦！""眼睛近视了看你怎么办！"……无论是从健康的角度，还是从孩子的学习角度，相信很多家长都能说出一大串不要多看电视的理由，但孩子就是不听。这时候怎么办？

有一个妈妈的做法就很巧妙：

平时妈妈总是叮嘱儿子说9点半必须上床睡觉，不然就把电闸关了。可是儿子不听，有时候家长出门去买东西，他就在家看电视。听到妈妈上楼的声音，他就把电视机关了回房睡觉，妈妈一摸电视机就明白，还是热乎的。这简直就像地下工作者与敌人的斗智斗勇。找出证据又能怎样，还是不能让孩子从根本上对电视失去兴趣。

儿子看书的时候，妈妈说："孩子你今天多看会儿书吧，到10点睡，记得关上灯。"可是她关上屋门，孩子根本就没有看书，而是在里面看漫画或者睡觉呢。

看到打压行不通，妈妈就改变了策略。有一天晚上，孩子又在看电视。妈妈就对孩子说："儿子，今天你随意看电视吧，好看就多看会儿，记得一会儿帮我关了电视机。"结果她在自己屋里听，孩子还没看到一个小时就关了电视机，进屋自己玩了。然后，妈妈就走进孩子的卧室问："怎么不看电视啊？""唉，今天的节目没意思。"孩子说。

"那你今天看书吧，不许看到很晚，9点半一定要关灯睡觉，注意身体，别太辛苦了。"结果，这孩子学到10点才睡。

孩子都有一个逆反的心理，你越是说他，他越是不愿意去做；但是如果你跟他说不要太努力了，他又会努力起来。

在看电视问题上，如果你一直是一个以正面打压为主的家长，那么要换一换方法了，从反面去刺激，鼓励他自己看电视，自己控制时间，往往更加有效。

另外，家长多带着孩子出去旅游、逛公园、游泳等，让孩子的兴趣爱好广泛一些，他们在电视中沉迷的概率就会小一些。

当我们痴迷于一个电视剧的时候，突然停电了，感觉肯定不好受。父母有时候却在做停电杀手的角色，孩子看得正高兴，父母气冲冲地把电视关掉了。孩子心里的感受该多难过、多失望啊！父母千万不要用这样的方法来阻止孩子看电视，这样的行为不是文明者的行为，起码缺少了彼此的尊重。

有关专家通过调查发现：孩子不上学的时候最常做的事就是看电视或玩电脑。

美国的教育学家通过研究发现：孩子平均一天最少在电脑或电视前待上2小时，到了周末的时候看电视的时间会更长。大多数的美国孩子平时放学之后到晚上10点钟，家庭开机的时间平均是3小时20分钟，孩子每天看2小时电视，周末的时候更是高达5小时。

看电脑或电视的时间过长会给孩子的健康带来严重的伤害，比如容易造成过胖、变傻变笨、懒散被动、注意力降低等后果。在强烈的声光画面下，孩子的脑部只维持在原始区域运作，无法刺激他们思考区域的发展。

过度地看电视或电脑也会增加孩子的霸道行为。因为他们通过屏幕接收了太多的语言暴力和攻击性行为。因此，美国小儿科的医学会建议，别让2岁以下的孩子看电视，鼓励家长为孩子挑选优质的电视节目，而且最好一天不要超过2小时的时间。

下面的七招，可以有效制止孩子成天黏在电脑或电视前：

1. 先跟孩子订好规矩，包括看电视电脑的时间和次数

美国斯坦福大学的教育学家宾森曾经建议家长"先说好规则，可以减少争执和赖皮的机会"，比如，家长可以在周末的时候就和孩子讨论下周要看哪些节目。至于其他的基本规则都要和孩子提前商定好，比如吃饭的时候不可以看电视、功课没

有做完不可以看电视，这些都要事先和孩子说好，也培养他们信守承诺的习惯。

2. 家长可以陪孩子一起看，并和孩子一起讨论关于电视的内容

在孩子在看电脑或电视的过程中，家长可以介入并且阐发自己的观点，这样做可以扭转孩子一些不正确的见解，如果在这个过程中和孩子有充分的讨论，也会减弱电脑或电视的影响力。

值得注意的是：家长在陪同孩子看电视的过程中，千万不要忽略广告的负面作用。通过研究发现，孩子一年会看到大约 4 万条广告，其中包藏着许多高卡路里与油腻垃圾食物的宣传，不断引诱孩子消费。所以家长不要以为在广告时间就可以放松对孩子的引导，还是要留意一下孩子看的是什么广告。

3. 以优质的 DVD 取代不好的电视节目

已经有越来越多的家长发现电视节目已经不能提供给孩子更多有益的内容了，为什么不考虑花钱买一些优质的 DVD 来给孩子观看呢？

4. 将电脑或者电视放在不显眼的角落里，同时把遥控器也收起来

很多家庭习惯把电视机放在客厅最显眼的角落，而教育专家却提醒家长们，可以尝试将电视放在不显眼的角落里，以减少它给孩子带来的诱惑。如果不习惯家里没有电视机的声音，不妨打开收音机，有趣的音乐和广播同样会使家庭气氛活跃不少。

5. 电脑和电视都不要放在孩子的房间里

如果在孩子的房间里放置电视或电脑，只会让孩子和家中的

其他成员更加疏远，同时也会影响他们做功课和睡觉的时间，更糟的是父母无从知晓他们的孩子是否接触到了不良的节目。

6. 不要把电视或电脑看成孩子的保姆

有的家长习惯于把孩子交给电视或电脑，觉得这样做孩子会更加安分。殊不知，这样做的结果只会让孩子对电视电脑倍感亲切。家长可以让孩子来分担一些家务，这样就不用担心他看太多的电脑或电视，同时还增强了孩子的做事能力。

7. 建议家长以身作则，尽量少看电视

很多家长不希望自己的孩子看电视，可是他自己却戒不掉，而且振振有词地说："我白天工作那么辛苦，就靠晚上看电视来放松休息，不看电视，那我干什么呢？"如果家长是这样的想法，完全没有办法，也没有资格来要求孩子不看电视、不玩电脑。

家长不妨尝试着关掉电视机，利用剩余的时间开展一些其他的活动，让孩子感受到父母的生活是那样的充实有意义，他们自然也就不敢浪费时间。

教会孩子自我保护

父母总是希望做孩子的保护伞，让孩子不受伤害。但是，毕竟孩子要独自去面对未来，这就涉及孩子的安全教育。

安全教育，是除了智力教育和情商教育之外，一个十分重要的内容，也是一个很容易被忽略的内容。现在社会上有很多不法分子专门伤害孩子，如果孩子的安全意识薄弱，那很可能会给不法分子可乘之机，最终给孩子和家庭带来悲剧。

新浪网的育儿论坛曾经就"该不该让孩子和陌生人说话"展开过讨论，大家的意见各不统一，有的人认为这是担心过度了，根本没有这么严重；也有人觉得，教育孩子安全防范，告诉他不要和陌生人说话，并非是夸大其词。

就在我们的身边，因缺乏自我保护意识和知识，本来是很容易消除的隐患与不测，有时也会演变成严重的悲剧。这种现状，在令人唏嘘之余，尤其值得家长警醒，家长应在安全方面对孩子进行认真教育。

14岁的小丽容貌清秀，喜欢上网聊天。今年7月，她通过QQ聊天认识了一位男网友。

"在芸芸众生中，人与人的相逢是种缘分。既然上帝让我遇见了你，这注定是美丽的缘分。"这位男网友经常会对小丽说一些甜言蜜语，让小丽很心动。而小丽也愿意与他聊学习、生活和感情的事情，尽管网友明确告诉小丽，他是混江湖的，可是天真的小丽却说自己一点也不在乎他是做什么的。

男网友很会说话，在网上频频关心小丽，渐渐地小丽对他产生了好感，上网见不到他就会很失落。小丽很想跟这位网友见面，网友说自己也很想见见清新可爱的小丽，不如两人就见一下面吧，小丽没有多想就答应了。

寒假没过几天，男网友就约小丽在附近一火锅店见面。网友不停地给小丽夹菜，劝她喝酒，不胜酒力的小丽很快便不省人事。

　　第二天早上，小丽发现自己光着身子躺在宾馆床上。网友安慰她说，她就是他的女朋友了。但没过多久小丽就发现，男网友同时还与好几个女人来往，这让她痛苦不已。

　　寒假结束后，小丽回校上课，却发现自己怀孕了，网友这时却一声不吭地消失了。

　　小丽知道自己受骗了，感觉很害怕，但她不敢告诉父母，于是自己悄悄跑到一家小诊所去打胎，结果由于小诊所的医生水平有限，医疗设备也不完善，差点要了小丽的命。等到父母找到小丽的时候，小丽惨白的脸色吓坏了父母。更让人心痛的是，由于这次失误，小丽以后再不能生孩子了。

　　不得不说，小丽的人生因此遭到了重大的打击。

　　这个悲剧的发生，不能不说跟孩子自我保护意识差有很大的关系。如果她有足够的警惕性，不轻易相信别人，悲剧是完全可以避免的。让孩子学会自我保护，并尽可能多地避免意外伤害，这是家长的义务。当然，这不是一朝一夕的工作，也不是定时定点的课程，它的学习和养成都需要父母用一双智慧的眼睛去发现可能潜在的危险，然后在第一时间嘱咐好孩子，告诉他如何躲避和应对。

第三章

自律自制好习惯：
我能管好自己

教孩子学会抵制诱惑

每个人都会面对诱惑。成功的人之所以成功，就是因为他们能够约束和克制自己的冲动。家长培养孩子抵制诱惑的能力就格外的重要。

一个人的成功，最大的障碍往往不是在外界，而是在于自己的内心。一个能够获得成功的人通常都具备顽强的精神和胜于常人的自控心理。增强孩子的自控能力，可以帮助他们抵御外界的种种诱惑，保持心灵上的坚定和纯洁，更加有利于他们朝着心中的目标努力。

1960年，美国的心理学家米卡尔曾做过一个"果汁软糖"的实验：他将一群4岁的孩子留在房间里，每人都发了一块糖果，然后告诉他们，"我有事要出去一会儿，你们可以马上吃掉软糖，但如果谁能够坚持到我回来之后再吃糖果，我会再奖励他两块。"说完之后，米卡尔就走了出去。实际上，他在暗中观察这些孩子的表现。

有的孩子会很急躁，看到米卡尔走了之后就迫不及待地吃掉糖果。而有的孩子就等到了最后。尽管对这些孩子来说等待的时间非常漫长，但是他们会想尽各种办法让自己撑下去。有的孩子闭上眼睛，避免看到那块诱人的糖果；有的孩子努力想让自己睡过去。

20分钟之后，米卡尔回来了，他奖励了这些能够坚持到最后的孩子。这次实验并没有结束，米卡尔又对这些孩子进行了长达14年的追踪调查。

最后，米卡尔把自己的调研结果公之于众，发现：自制力不同的孩子在情绪和社交方面的差异表现非常明显。在那次实验中抵制住诱惑的孩子将来长大之后对社会的适应能力较强，较为自信，人际关系也更好，能够更加从容地面对挫折。而那些不太能抵制诱惑、较为冲动的孩子则缺乏这些好的特质，并且表现出了一些负面特征，他们不太愿意与人接触，性格优柔寡断，容易因为挫折而丧失斗志，容易对人产生不满甚至是与人争斗。

面对如今眼前这样一个信息多变、文化多元、物质极大丰富的现代社会，孩子们早已经是眼花缭乱了。他们对周围的一切充满了好奇，任何的诱惑都可能使他们沉迷其中。再就是由于孩子面临着沉重的学业负担，厌学情绪强烈，使得电脑、电视等成了孩子的避难所。如何让孩子拒绝诱惑、抵制诱惑，是每个家长都关心的问题。

要想让孩子学会抵制诱惑，首先家长要学会反思。当孩子出现了问题，家长可以先反思自己。很多父母将大部分的时间都用于工作、家务和娱乐，很少花时间和孩子耐心地沟通。当孩子的精神需求得不到满足，他自然就会寻求替代品，于是电视、电脑成了孩子的精神麻醉剂。有的家长自己不和孩子交流，也不鼓励孩子多交朋友。孩子的充沛精力得不到发泄，就会被各种诱惑吸引，一不留神就会掉进诱惑的陷阱。所以，家长也要反思一下自己在平时是否考虑到了孩子的感受，给予他们足够的精神满足。

高尔基说："哪怕是对自己的一点小小的克制，也会使人变得强而有力。"德国诗人歌德说："谁若游戏人生，他就一事无成，不能主宰自己，永远是一个奴隶。"一个人要想成为能够主宰自己命运的强者，成就一番事业，就必须对自己有所约束、有所克制。因此，对孩子的自控教育是家庭教育必不可少的内容之一。

但是人的自制能力和自我管理能力并不是天生的，它和人的其他能力一样，都是后天开发出来的，每个人的自我管理能力都是可以不断提高的。尤其是孩子，他们的自控能力在日常生活中会逐渐提高。作为父母要有意识地提高男孩的自控力，专家给出了以下几点建议：

第一，告诉孩子要对自己多分析，找出自己在哪些活动中、何种环境中自制力差，然后拟出培养自制力的目标步骤，有针对性地培养自己的自制力；对自己的欲望进行剖析，扬善去恶，抑制自己的某些不正当的欲望。

第二，从日常生活小事做起。人的自制力是在学习、生活、工作中的千百万件小事中培养锻炼起来的。许多事情虽然微不足道，但却影响到一个人自制力的形成。如早上按时起床、严格遵守各种制度、按时完成学习计划等，都可积小成大，锻炼自己的自制力。

第三，进行暗示和激励。自制力在很大程度上就表现在自我暗示和激励等意念控制上。意念控制的方法有：在孩子开始紧张的活动之前，反复默念一些建立信心、给人以力量的话，或随身携带座右铭，时时提醒、激励自己；在面临困境或诱惑时，利用口头命令，如"要沉着、冷静"，以调整自身的心理活动，获得精神力量。

第四，要孩子经常进行自省。如当他们学习时忍不住想看电视时，马上警告自己管住自己；当遇到困难想退缩时，马上警告自己别懦弱。这样往往会唤起自尊，战胜怯懦，成功地控制自己。

在哪里跌倒，就在哪里爬起来

"失败"通常是一种无声的语言，是一种我们所不了解的语言。要不然，我们也不会在面对它的时候犯同样一个错误，当我们面对这种错误的时候，也不会吸取不到一丝的教训。实际上，失败这种语种是世界上最容易了解并最能出效果的语言。因为，它是一种宇宙通用的语言，当我们聆听不到其他语言的时候，大自然就通过它跟我们对话。

用正确的态度来对待失败，是让孩子成长和成熟的一个重要组成部分。很多的家长都希望自己的孩子能有出息、有才能，但是，他们一心只想让孩子认识成功，和成功握手，却没有想到让孩子在认识成功之前要及早地对挫折和失败有所了解。因为，只有这样，孩子才有冲向成功以及和逆境做斗争的准备。所以，父母要尽早给孩子这种锻炼的机会，等他们长大了，面对逆境的时候就会显得从容不迫了。

那种经常被视为是"失败"的事情，其实通常只不过是一位"过客"而已。父母可以让孩子把这种失败看成是一种幸福，是生活赐予的最伟大的"礼物"。因为它可以使人们振作起来，调整人们的努力方向，使我们向着更美好的方向前进。这些看起来像是"失败"的事，其实却是一只看不见的慈祥之手，是它阻挡了我们的错误路线，并以伟大的智慧促使我们改变方向，向着对我们有利的方向前进。

如果人们把这种失败理解为一位"过客"，并且是一位让人引以为戒的"过客"的话，它就不会在人们的意识中成为失败。事实上，每一位"过客"来临时都会带来一个教训，我们能够从中吸取极为宝贵的知识，而且，通常来说，这种知识除了经由失败获得外，别无其他方法。

还有一句话是说"在哪里跌倒，在哪里爬起来"，其实这是不逃避失败的一种态度，相反，它也是正确对待失败的一种态度。

那么，为什么要强调一定要爬起来呢？下面的几条理由应该可以说明这个问题：

1. 保住自己的尊严

人的天性就是看上不看下、扶正不扶歪的。一旦你跌倒了,如果你本来就不怎么样,那别人会因为你的跌倒而更加看轻你;如果你已经有所成就,那么你的跌倒将会是许多心怀妒意的人眼中的"好戏"。所以,为了不让人看轻,保住自己的尊严,就一定要爬起来!不让他们有任何机会来小看你和嘲笑你。

2. 爬起来才有机会

虽然说"跌倒"并不代表永远的失败,但是也得先爬起来,才会有机会继续和别人竞争。如果只是躺在地上,即使有机会,也会让站着的人抢走,所以一定要爬起来。如果因为跌重了而不想爬,那么不但没有人会来扶你,而且你还会成为人们唾弃的对象。如果忍着痛苦要爬起来,迟早会得到别人的协助;如果丧失爬起来的意志与勇气,当然不会有人来帮助你,因此,一定要爬起来!

3. 证明自己的意志和能力

一个人要成就事业,他的意志力相当重要。一个人的意志可以改变一切,跌倒之后忍痛爬起来,这就是对自己意志的一种磨炼。有了钢铁般的意志,便不怕再次跌倒了。有时候人跌倒了,心理上的感受与实际受到伤害的程度不一样,因此一定要爬起来。这样才会知道,自己事实上完全可以应付这次的跌倒,也就是说,只有爬起来才能证明一切。

总而言之,不管跌的是轻还是重,如果没有再爬起来的想法,那就等于永远丧失了竞争的机会,会被人看不起。这是人性的现实，没什么道理好说。所以一定要爬起来，并且最好能重新站立起来。就算爬起来又倒下去，至少也是个勇者，而绝不会被人当成弱者。而且，一个人的一生不可能是一帆风顺的，总有摔跤、跌倒的时候，这就是所谓的打击。但有一点要记住：不管是什么样形式的"跌倒"，不管跌得怎样，跌倒了，一定要爬起来！

许多人只希望做个平庸的人，能够过着简单的生活，赚取微薄的收入，他们就心满意足了。他们的要求不高，不是因为他们天生一副懒骨头，而是因为害怕失败，不知道有失败才会有成功！假如你一帆风顺，处处得意，并不证明你有能力，反而显示出你胸无大志、人生目标定得太低、只求得过且过，这是毫无意义的。

让我们告诉孩子：命运之轮在不断地旋转，如果它今天带给我们的是悲哀，明天它就将为我们带来喜悦。

鼓励孩子遇到困难自己想办法解决

联联已经是四年级的学生了，他生性活泼热情，对什么事情都想试试。可他从小就有个毛病，一遇到困难就灰心丧气，失去继续探索的信心。他4岁时，做了一架飞机模型，可老是飞不上天，他气得把飞机模型扔在地上，用脚踩坏，从此再也不做飞机模型了。一年级时爸爸教他学游泳，可他到现在还没学会，原来，有一次他呛了几口水，难过了好几天，从此他再也不学游泳了。在学习上联联也是这样，一遇到难题就退缩了，不会做的题目从来不动脑筋思考，而是等着第二天去抄别人的。

一次，老师布置一道挺麻烦挺难做的数学题，第二天要在早自习课上收起来带回办公室批改。联联不会，便想了个办法，拿钱到商店去买东西，他把这道题出给售货员阿姨计算，结果售货员阿姨用算盘很快打出来了，他照数付了款回家把得数在作业本上填上了。虽然耍了一个小聪明，但没有算式只有结果还是被老师给发现了。

在生活中，困难和挫折是不可避免的，一些孩子灰心丧气、沮丧气馁是由于他们做不成喜欢做的事，在挫折面前产生了畏惧心理，丧失了克服困难的信心。心理学家认为：丧失信心的理由有千万条，但根本的原因只有一条，那就是学不会、做不好或觉得自己做不好。一旦做不好，信心就会丧失，倦怠、懒惰的情绪也随之产生，造成学不会—没信心—没兴趣—更学不会的恶性循环。

孩子之所以会一遇挫折就灰心丧气，自暴自弃，其根本原因还是在于教育方式。许多家长认为孩子还小，而且就这么一个，不能让他累着，更不让孩子做些力所能及的事情，事事都包办代替，孩子从小养成了衣来伸手，饭来张口的习惯。每当遇到一点点困难，孩子就会叫父母、叫爷爷奶奶帮忙，从小就养成了依赖、懒惰的思想。

畏难是人的心理的一种消极的心理体验。不光孩子有，许多成人也有。如果家长是一遇到困难就退缩的人，孩子在父母的耳濡目染下，也会学到一遇挫折就自暴自弃消极等待的态度。因此要想孩子具有不怕困难、顽强的毅力，家长首先要以身作则，遇到问题不推诿，不退缩。

　　畏难心理也是孩子缺乏自信心的表现。有的家长在对孩子进行教育时，不是恰当地根据孩子的能力来提要求，对孩子的期望值过高，这样孩子往往达不到要求。这时，如果家长不问青红皂白横加指责的话，孩子就会感到自己很无能，丧失信心，以后一遇到困难挫折也不动脑筋，心想自己反正不行，想也没用。

　　父母首先要从自己做起，给孩子树立不屈不挠、勇敢顽强的榜样。不要让孩子做他无能为力的事情，经常让孩子获得成功的体验，这样有助于孩子树立自信心。不要过分保护和溺爱孩子，不要当孩子一遇到困难就给他帮助，而应该鼓励他自己想办法解决。和孩子一起分析困难到底难在哪里，以便找出化解困难的办法。要通过真实事例让孩子知道，在困难挫折面前唉声叹气并不会降低困难、减少失败，灰心丧气只会增加自己的痛苦。给孩子讲一些名人不怕困难、不怕失败，最终做出重大贡献的例子。在孩子遇到挫折时，要鼓励孩子树立信心，不灰心丧气，勇敢面对困难。当孩子通过自己的努力，尝到成功的喜悦后，孩子克服困难的信心就会增加。家长应注意帮助孩子吸取经验教训，让孩子在每次遇到困难后，总结一下困难的类型，克服困难的方法，以后遇到同样的问题就会顺利解决了。优良的意志品质是实现目的、事业成功的根本保证，因此，培养孩子良好的意志品质就显得非常重要，这需要从生活的一点一滴做起，如孩子摔倒了不要立即心痛地去扶他，而要让他自己爬起来。家长要让孩子了解，人生道路上人人都会遇到困难，困难本身并不可怕，可怕的是丧失了克服困难的勇气和信心，应该以坚强的意志去面对生活中遇到的各种挫折。

世上没有唾手可得的成功，只有在挫折中不断进取才能摘取成功的桂冠。孩子成长过程中始终一帆风顺的情况是没有的，总会遇到些障碍，受到各种挫折，孩子耐挫力的大小直接关系到他社会适应的成败。我们做父母的要重视培养孩子的耐挫力，铸就他们百折不挠的意志力。告诉孩子怎样面对挫折是我们培养孩子耐挫力的重要环节。

在孩子不同的年龄阶段，我们可以建立适应孩子的不同耐挫目标。一个5岁男孩的父亲说，在孩子还是不满周岁的小婴儿时，他们就刻意在每日精心照料之外，留出一定时间让孩子自己玩。这种既珍惜每天和父母玩的时间，又能专心自己玩，就是小婴儿的勇敢。这种养育中长大的婴儿，必定能够面对困难和挫折，而不会处处要父母领着、牵着、陪着。孩子5岁了，免不了磕磕碰碰，生灾害病，遇到这样的情况便视为培养孩子勇敢的机会，以坦然的态度告诉孩子，身体不舒服心里难过是暂时的，药虽苦打针虽痛但能帮你恢复健康。孩子接受了这个道理，总是表现得非常出色。

一个6岁男孩的母亲说，单位电脑考试，她因病没有复习考砸了,她把这件事告诉儿子,并保证努力赶上,一个月后这位母亲以优异的成绩通过了考核。身教重于言教,这会潜移默化地影响儿子的。她还让孩子以自己为榜样,如,让孩子参加游泳训练,指导他将不怕冷不怕累的经历记录下来,在打退堂鼓时,提醒他看看记录,向自己学习。

每个孩子都有长处和不足,父母应有客观的评价与合理的期望,鼓励孩子向恰当的发展目标努力。若只看到孩子的优点无视缺点,孩子会因对自身的不足缺乏认识而骄傲自满,不能接受挫折。若父母期望值过高,就会增加孩子的心理压力,使他们不敢面对挫折。知己知彼,百战不殆这句古语用在这里也很妥帖,知己就是要帮助孩子正确认识自己,了解自己的兴趣、能力、特长、性格以及希望自己成为怎样的人,未来的人生道路可能会在哪方面受挫等。知彼是帮助孩子认识环境了解社会,如社会需要什么素质的人,现实中存在哪些不尽人意的事等,让孩子懂得做事要向高目标努力,但须做好承受最坏结果的思想准备。

能力不足的孩子,遇到困难无力应付,常常被挫折感压得垂头丧气。能力强的孩子善于解决问题,即便受了挫折,也能积极地寻求解决问题的方法。孩子的许多能力是在解决问题的过程中形成和发展的。父母过分照料孩子,就会造成轻而易举地放弃对孩子能力的培养。要求孩子为自己的生活服务,如洗自己的袜子、整理房间、倒垃圾、叠衣服等小事,因为这些小事正是培养他自立的能力和精神,是提高他应付挫折本领的一个重要途径。此外,在孩子遇到困难时，我们不能以决策者的身份越俎代庖，替他决定，而是当他的顾问，给他提建议，教他一些克服困难的方法，鼓励他有能力对自己的行为负责。告诉他挫折人人都会遇到，但挫折可以避免，可以战胜，挫折还能磨炼人吃一堑长一智。

一般而言，容易受挫的儿童往往表现出追求不切实际的目标，对追求目标过程中遇到的困难没有心理准备，能力不足，不会应付，缺乏自信，把困难当成不可逾越的障碍。可以说耐挫力是对孩子终身发展都极为重要的心理素质。

让孩子有意识地为自己负责

调查显示，许多企业在选择职工的时候，"责任"是他们考虑的首要原则，没有老板喜欢不负责任的员工。

父母也希望自己的孩子是一个负责的好孩子。可是，很多父母的所谓的负责，是让孩子在成长的过程中学会对他人负责，而忽略了对自己负责。

其实，要让孩子学会对自己负责，也不是一件很难的事情，专家给家长提出以下的建议：

首先，要逐渐培养孩子独立自主的意识。其实，随着年龄的增长，孩子的独立自主意识会慢慢地显示出来，父母需要做的，就是尊重孩子的成长规律，不要给孩子太多保护，让孩子对父母太过依赖。

其次，当孩子犯了错误时，父母不要替孩子包揽过失，要让他自己去承担。每个孩子都会犯错，而犯错也是一个成长的契机，聪明的家长会利用这个机会，让孩子有意识地为自己负责。如果总是认为孩子还小，而大包大揽，孩子不但错失了成长的机会，可能还学会了推卸责任。

杨杨很喜欢看《哈利·波特》，动不动就把家里的拖把骑来骑去。他已经弄坏了3把拖把了，这让他的妈妈很头疼。

有一天，他的妈妈语重心长地对他说："杨杨，你已经弄坏了家里3把拖把了，你得为你的行为负责任。我决定以后再也不会批评你骑着拖把跑来跑去了，但是如果拖把被你弄坏了，我会直接从你的压岁钱里扣除买拖把的钱，知道吗？我想，你应该为你自己的行为负责。"

听了妈妈的话后，杨杨便很少骑着拖把在屋里走来走去的了。

最后，培养孩子严格要求自己的意识。一个人能严格要求自己，是对自己负责的体现。在外界的压力下，很多人都可以表现优异，但需要自律的时候，可能就需要标准和约束。

阿娇是一个很可爱的孩子，同学们都很喜欢和她玩，老师也觉得阿娇表现很好，上课的时候总是端端正正地坐在那里，认真地听课。

可是，回到家中的阿娇却是另外一个样子，坐没有坐姿，站也没有站样。

"娇娇，为什么你可以在学校里表现那样好，连老师都夸你，可是回到家里,连个坐姿都没有?"妈妈问阿娇。

"在学校的时候有老师监督,回家了老师又不监督我。"

"这样的想法可不对,就算没有老师监督,你自己也得严格要求自己!"

"为什么呀?"

"你想一下,如果你一直在家里坐没有坐姿,站没有站样的,久而久之,就会养成习惯,会影响你去学校以后的表现。还有,若看书写字姿势很不正确会严重伤害你的眼睛。即使你在学校里坐得端正,如果在家里看书写字都趴在桌子上,眼睛还是会近视的。你说对不对?"

"嗯,好像对。"

"那以后一定要严格要求自己,好吗?"

阿娇点了点头。

让孩子把一件事情坚持做下去

坚持下去,已经成为所有卓越人物的共同点,也已经成为他们生活中的一个基调。父母要让孩子知道,每一个成功的人,在确定了自己的正确道路之后,都在不屈不挠地坚持着,忍耐着,直到胜利。波斯作家萨迪在《蔷薇园》中写道:"事业常成于坚持,毁于急躁。我在沙漠中曾亲眼看见,匆忙的旅人落在从容者的后面;疾驰的骏马落后,缓步的骆驼却不断前进。"

坚持对于一个人成就事业是相当重要的。说起来，一个人克服一点困难也许并不难，难的是能够持之以恒地做下去，直到最后成功。

其实，很多时候成功与失败的差距往往仅一步之遥，父母要告诉孩子，只要咬紧牙关坚持一下，便会拥抱胜利。但是，许多人正是因为在前面的困难中已经筋疲力尽，在最后的关头，即使遇到一个微小的困难或障碍都可能放弃而导致前功尽弃。事实上，对于孩子来说，胆怯懦弱是普遍存在的。美国斯坦福大学心理学家菲利普·津巴多在20世纪七八十年代对近万人的调查中发现，大约有40%的人认为自己胆怯、腼腆。胆怯有许多表现形式，如公共场所胆怯、社交胆怯、特定情境胆怯、特殊动物胆怯等。

"习惯是人的第二天性""教育孩子，就是逐渐培养他们良好的习惯"。这两句话告诉我们，好习惯是培养出来的，把教育内容以习惯的方式在孩子心中固定下来，随时随地应用，形成一种本能。在培养的过程中离不开坚持不懈，父母培养孩子坚持不懈的一种习惯，有利于许多好习惯的养成，有利于整个教育的顺利进行。

培养孩子做事有始有终、坚持不懈的好习惯，父母可以通过以下两点来教育孩子：

1. 让孩子做事有目标

父母可以为孩子设定一个目标，然后要促使孩子针对目标来采取行动，并在其身边推动这种行动的进行。父母可以在孩子完成目标的过程中鼓励他,但是不可以帮助他完成,要让他独立完成;当孩子想半途而废的时候,父母要制止他的行为,一定要让他把这件事做下去,实现既定的目标。

在实现奋斗目标的过程中,设立既定目标将会激励人们去克服困难,坚持不懈地去奋斗。实现既定目标的愿望越强烈,施行起来就越持久、越彻底。

父母在激发孩子成就大业的兴趣与耐力的时候,需要向孩子做远大志向的教育,树立正确的价值观、帮助孩子确立间接的远景性目标。但是仅仅靠这些是远远不够的,因为远景性的目标与孩子的当前实际情况有相当一段距离,而真正让孩子更加努力地为实现既定目标而奋斗,父母应该从小激发孩子内发性动机力量,并从小事培养孩子持之以恒的决心。

2."磨难"是培养毅力的沃土

随着生活水平的日益提高,"磨难"对于孩子们来说是一个接近陌生的词语。但是许多事实证明"宝剑锋从磨砺出,梅花香自苦寒来"。

张海迪自幼截瘫,无法上学,但为了学习文化,她长期不顾一切地顽强学习,终于成为作家,便是很好的一个例子。能不能坚持下去,其关键在于能否以不屈的意志、顽强的精神来与噩运抗争,创造出奇迹,做出常人无法做到的事。

在顺境中成长的孩子,磨难可能成为他们的致命伤;而在逆境中长大的孩子,磨难却成了人生道路上一笔可观的财富。因此,父母们应该在日常生活中给自己的孩子设置一些障碍,让他独立克服障碍、跨越障碍,父母可以在旁边关注,必要时要给予适当帮助,以此锻炼孩子面对"困难"而坚持不懈的毅力。

在困境中坚持不懈是逆商(AQ)的精华所在。这种坚持的力量是一种即使面临失败、挫折仍然继续努力的能力。我们常常能够观察到,正确对待逆境的销售人员、军人、学生和运动员能从失败中恢复并继续坚持前进,而当遇到逆境时不能正确对待的人(低AQ者)则常常会轻易放弃。

意志力坚强的人懂得培养自己的恒心和毅力,并将它变成一种习惯,无论遭受多少挫折,仍坚持朝成功的顶端迈进,直至抵达为止。

经得起考验的高AQ者常常以其恒心耐力获酬甚丰。作为吃苦耐劳坚韧不拔的补偿,不论他们所追求的目标是什么,都能如愿以偿。他们还将得到比物质报酬更重要的经验:"每一次失败都伴随着一颗同等利益的成功种子。"

英国首相丘吉尔不仅是一名杰出的政治家,而且是一个著名的演讲家,十分推崇面对逆境坚持不懈的精神。他生命中的最后一次演讲是在一所大学的结业典礼上,演讲的全过程大概持续了20分钟,但是在那20分钟内,他重点只强调了两句话,而且是相同的两句话:坚持到底,永不放弃!坚持到底,永不放弃!

这场演讲是成功学演讲史上的经典之作。丘吉尔用他一生的成功经验告诉人们,成功根本没有什么秘诀可言,如果真有的话,就是两个：第一个就是坚持到底，永不放弃；第二个就是当你想放弃的时候，回过头来看看第一个秘诀——坚持到底，永不放弃。

告诉孩子：敏锐的观察力、果断的行动和坚持的毅力是成功的必备要素，你可能用敏锐的目光去发现了机遇，同时也能用果断的行动去抓住机遇，但是最后还是需要用你坚持的毅力才能把机遇变成真正的成功。

让孩子学会延迟满足

日常生活中常常可以看到这样的情况，有的孩子在父母没有立即满足他的愿望时，又哭又闹，甚至答应了以后再满足要求仍然不依不饶；而有的孩子即使没得到满足，也很"乖"，甚至表现出为了以后能有更大的满足而放弃立即能得到满足的精神，这种现象背后的原因是什么呢？

对孩子来讲，在马上能吃块巧克力与明天可以吃两块巧克力之间做出选择，是一件多么不容易的精神考验！这个选择是冲动与克制、放纵欲望与自我控制之间冲突的缩影，从中折射出孩子的性格特征，从一定程度上预示了他未来所走的人生道路。

抵制冲动是最基本的心理技能之一，抗拒诱惑、控制情绪、维持理智、遵守道德莫不与此相关。曾有研究表明，那些4~5岁时能接受延迟满足而放弃即刻满足的孩子，进入青春期后，在情感表达、社交技能、人格特征上与那些无法抵御即刻满足诱惑的孩子差异明显。前者往往有较强的社会竞争性、较高的社会效率，自信、头脑清晰、善于把握大局、能较好地应付生活中的挫折；而后者则有约 1/3 的人缺乏这些优良品质，并且出现心理问题的人相对较多，比较羞怯，遇到挫折时自我否定，嫉妒心强，脾气暴躁，不会"做人"。

可见，能够忍受一块巧克力诱惑而默默等待拿到两块的孩子，成了睿智、成熟的青年，而更愿意迫不及待享受一块巧克力的孩子，则有一部分成了冲动、不顾大局的青年。

其实，人们取得的种种成就应部分归功于抑制冲动的心理功能，因为任何事情的成功都以牺牲暂时的快乐为代价，比如说戒烟、学业成功、道德情操的形成等。因此，父母应对孩子的延迟满足能力有所了解，并有意识地培养孩子的这种满足能力。

1. 让孩子认识延迟满足比即刻满足更好

也就是摆事实讲道理。但这种方法对较任性的孩子作用不明显。

2. 加大延迟满足的力度

比如告诉孩子：你今晚要是弹钢琴而不看电视，明天就带你去游乐场。这比告诉他：今晚你弹钢琴明天就可以多看 1 小时的电视对孩子的吸引力要大。在前一条件下，孩子更愿意选择延迟满足，但是这仅仅是培养孩子延迟满足的手段而已，在他们随着经验的积累越来越认识到延迟满足的好处时，他也就能更好地克制自己的冲动了。此时父母要有意识地逐渐减低延迟满足物的价值强度,以免孩子形成依赖。

3. 让孩子认识到即刻满足的"不合算"

事实表明,在团体中人们做出延迟满足还是即刻满足的选择与独处时是不同的,在群体中,孩子更倾向于选择延迟满足。比如告诉孩子你今天可以吃一块巧克力,而小姐姐决定今天不吃,所以她明天可以吃两块,而你明天则不能吃了。孩子到明天看到别人享用两块巧克力而自己只能看着时,也会后悔。几次之后,孩子就会明白克制欲望是为了以后更大的满足,会渐渐地把眼光投向更远的未来,而不是仅仅只看到眼前利益。

4. 让孩子学会抵御诱惑

引导孩子学会用适当的策略帮助抵制诱惑,是行之有效的方法。有人观察到,那部分顺利地等到延迟满足的孩子,为了抵制即刻满足的诱惑,千方百计转移自己的注意力,而无法忍受延迟满足的孩子,多半想的是唾手可得的满足品的味道香气等,以致无法忍耐。因此,父母应教孩子一些等待延迟满足的技巧,比如通过唱歌、做游戏来转移注意力,自我劝说、想象得到满足后的兴奋与自豪,反复告诉自己"我的选择是正确的,不要改变"来自我强化等。

生活中有些父母过于溺爱孩子,一旦孩子提出要求则立即满足。殊不知,这样非但惯出了孩子骄横性格,还泯灭了孩子克制冲动、总揽全局的延迟满足能力,使孩子成长为经不起诱惑的人。与之不同,有些父母则告诉孩子今天不看电视明天去公园,可却把说过的话忘了。数次之后，孩子又如何能信任他们呢？在孩子眼中，他们许诺的延迟满足是空口白话，于是便学会了有欲望立即满足，有东西立即享受——谁知道明天会怎样？这样的孩子长大后就成了及时行乐的典型，经不起诱惑，放纵自己的冲动。这样的孩子在日后是很容易成为"问题少年"的。

帮助孩子纠正拖拉的毛病

明代著名的学者钱福的《明日歌》：明日复明日，明日何其多？我生待明日，万事成蹉跎。世人苦被明日累，春去秋来老将至。朝看水东流，暮看日西坠。百年明日能几何？请君听我明日歌！

这首诗七次提到"明日"，告诉人们：世界上的许多东西都能尽力争取，失而复得，只有时间难以挽留。

西方的哲学家也曾说过：生命是由时间积累而成的，谁将该做的事无端地向后拖延，谁就会浪费生命；谁重视时间，时间就对谁慷慨；谁会利用时间，时间就会服服帖帖地为谁服务。

然而，在孩子的成长过程中，由于孩子天性散漫，再加上缺乏父母的合理引导，很容易养成办事拖拖拉拉的毛病，这无疑会让孩子浪费不少好时光。

初三男孩李江15岁，长得虎头虎脑，性格开朗大方，几乎看不出他有什么烦恼。但是，他的内心相当孤独，非常苦闷。

虽然他刻苦学习，成绩一直很不错，但是，老师和同学都不喜欢他,因为他做事总是拖拖拉拉。他的作业经常不能够按时完成,导致老师经常生气。在生活中,同学们谁也不愿意跟他合作,因为他办事情像一个老太婆,和大家根本就不是同一个节奏。

在一次晚会中,大家一起玩游戏。他和几个同学分在一组,结果因为他拖拖拉拉,使得他所在的那一组输得很惨。同组的几个同学都责怪他,不愿意和他交往。慢慢地,其他同学也不愿意理他了,觉得跟他合作既倒霉又没有意思……他在学校连个好朋友都没有,感到很压抑。

办事拖拉、磨磨蹭蹭是孩子常见的一种毛病。孩子办事拖拉一般表现在:

因怕困难而把艰巨的任务、麻烦的事情拖到最后办理,或寻找借口一拖再拖;

不善于整理环境,卧室、写字桌上乱七八糟;

缺乏进取精神,不愿改变环境,不愿接受新任务;

老是不肯做作业,一直拖到每天的最后一刻,甚至点灯熬油开夜车;

遇到棘手的事或考试,就装生病、找借口,企图回避;

在受到不公正的待遇时,即使自己有理,也喜欢忍气吞声,以免和别人发生冲突;

无论遇到什么事情都怨天尤人,从不从自身寻找原因;

说起来一套一套的,想法很多,但从来不付诸实施……

如果孩子在中学时期还没有克服掉这种毛病,就有可能形成懒惰的性格，在碌碌无为中度过平庸的一生。所以父母一定要注意帮孩子改掉这一陋习。

孩子吃饭做事慢吞吞的，最容易令父母心急。早晨时间有限，看着孩子从起床、吃饭到准备上学，样样拖拖拉拉，三催四请还是慢吞吞的，让人忍不住拉开嗓门责备他。结果大人光火了，孩子却泪眼汪汪地站在那儿发愣，坐在那儿发呆。慢吞吞已经够让人心烦了，若再加上教导不当，衍生其他冲突或成长问题，那就更令人困扰了。许多孩子的问题像滚雪球一样，越滚越大，随着年龄增加，将有更多的困扰。

孩子做事慢，或者磨蹭，有的与孩子的性格有关，有的和孩子的生活习惯有关，父母应具体问题具体分析，对症下药，力争药到病除。

父母要想纠正孩子拖拉的毛病，最重要的是必须让他们学会珍惜时间，懂得"一寸光阴一寸金，寸金难买寸光阴"的道理。

对于人的一生来说，年少时光是最宝贵的，也是最容易流逝的。孩子天真活泼、精力旺盛、记忆力好，是学习的黄金时期。古今中外那些有所作为的大人物，无一不是惜时如金。

要想孩子在未来有所成就，成为强者，父母必须让孩子有明确的时间观念。

在生活或者学习上，要求他们一定要做到今日事今日毕。至于具体的操作办法上，父母可以帮助孩子把明天要做的事情列一个清单，让他们做完一件事情就划掉一件事情。尽可能从他们必须做却不太喜欢的事情做起，并且在每件事情后面写上限定的时间。

不给孩子的惰性心理留任何滋生的机会，时时提醒孩子"明朝还有明朝事"，从而杜绝其散漫拖延的不良习惯。

让孩子尝尝"自作自受"的后果

18世纪法国教育家卢梭认为："儿童所受到的惩罚，只应是他的过失所招来的自然后果。"这就是卢梭的自然惩罚法则，是世界教育史上的一个里程碑。

所谓自然惩罚法则，就是让孩子学会为自己的行为负责，让他尝一尝"自作自受"的滋味，强化痛苦体验，从而吸取教训，改正错误。例如，孩子不爱惜家里的东西，总是会弄坏一些东西，一次他把吃饭坐的椅子弄坏了，那么家长就不妨毫不留情地让他连续几天站着吃饭。简而言之，自然惩罚法则的关键就是让孩子感到受惩罚是自作自受，是应该受惩罚的。

一个孩子很任性，动不动就摔东西来表示自己的"抗议"。一天，因为妈妈没给他买他想吃的东西，他就把一件新玩具摔坏了，把一本书撕烂了。妈妈更是"强硬"，马上宣布一个月之内不再给他买新玩具和书，一个月后若他还没有改正的行为则继续延长惩罚时间。

英国教育家斯宾塞曾断言："真有教育意义和真正有益健康的后果，并不是家长们自封为'自然'代理人所给予的，而是'自然'本身所给予的。"自然惩罚实际上是自然后果带给孩子的惩罚,这种教育方法可以很好地避免孩子任性和依赖。

让孩子接受自然惩罚有三点好处:

首先,它是完全公正的。几乎每个孩子在受到自然惩罚时,都不会感到委屈,因为那是他自己造成的;如果受到人为惩罚,孩子们多少会有委屈感,因为人为惩罚常常会被放大。一个不爱护衣服的孩子把衣服弄脏,按自然惩罚的原则,只是让他接受洗衣服的苦头,而孩子则会把这里的原因归结为自己的不小心。相反,如果大人去责骂、体罚孩子,孩子则会觉得不公。

其次,它可以使孩子和父母避免冲突、减少愤怒。但凡人为惩罚、责骂孩子,父母和孩子往往都会生气、愤怒。但是在自然惩罚下,亲子关系因为比较亲切、理性而会联系得更紧密,亲子关系不会受到任何影响。

再次,它可以明确孩子的是非观念,强化孩子的责任心。责任心是一个人在社会中发展必不可少的品质,是孩子健康成长的基石。从小就有责任心的孩子,长大了才能对自己所做的任何事情负责任,才会成为一个站得正、行得端的堂堂正正的人。

不过,让孩子接受自然惩罚,父母必须明确的一件事——惩罚不是体罚。这也就是说,当孩子做出过失行为并造成自然后果时,你需要分析这种自然后果是否会伤害孩子的身体健康。如果这种后果已经对孩子的身体健康造成伤害,那么就会失去教育作用。

当孩子做出一种行为时,父母可以帮助孩子分析这种行为可能产生的后果并告诉他。如果孩子坚持做出这种行为并产生不良后果时,父母不必给孩子讲道理,让孩子顺其自然地接受后果,自己去处理他造成的烂摊子。但是,在孩子处理自己的烂摊子时,父母在一旁冷眼旁观即可,而不能添油加醋地嘲讽,否则就不利于孩子正视自己的行为,甚至还会变本加厉地重复错误的行为。

再有,每个孩子都有不同的个性特征,在实施自然惩罚时,父母还是应该有所区别。比如有的孩子对自然惩罚满不在乎,抱一种无所谓的态度:玩具坏了不给买,我不玩;衣服撕破了不给换,我就穿破的。如果是这类孩子,那么自然惩罚对他是产生不了刺激作用的,所以父母也没有必要采用这种教育方法,而应当换另外一种行之有效的办法。

自控能力需要从小培养

东东是一个很聪明的孩子,就是没定性,上课不专心。晚上回家,妈妈给他辅导功课的时候,不是要吃东西就是要喝水,刚坐下没两分钟又吵着要上厕所,来来回回地折腾,本来半个小时就能做完的作业,非得花上两个钟头。东东的妈妈为此头疼不已,她实在不明白为什么东东就不能集中精力,专心学习。

东东的例子比较典型,在小学低年级的儿童身上经常看到的好动、可控性差的特点,这是儿童缺乏自我控制的体现。

自我控制是指个体在无人监督的情况下，从事指向目标的单独活动或集体活动。宝宝自控能力差表现多样，包括做事缺乏坚持性、随便乱发脾气、无故招惹别人等。

自我控制既是个体社会化的重要内容，又是实现社会化的重要工具。自我控制能力差会影响儿童的身心健康、同伴关系、社会适应能力等，宝宝要建立符合社会道德的行为模式必须学会自我控制。

自我控制能力并非与生俱来的，宝宝在后天的环境中，随着生活范围的扩大、生活经验的丰富、认知的发展和教育的影响，他开始逐步学习并掌握了一定的策略来控制自己的活动和情绪。宝宝自我控制能力的发展主要体现在以下几个方面：

初步移情阶段：宝宝由于年龄小，心理认知还没有完全发展等原因，决定了他以自我为中心的心理特点，考虑事情多是站在自己的角度，很少考虑他人。但是这个阶段的宝宝已经具有了初步移情能力，对别人的体会和感受具有了一定的理解能力。

延迟满足阶段：宝宝的自我控制能力在这个阶段的一个重要表现就是延迟满足。宝宝在遇到有喜欢吃的食物又不能马上吃的情况的时候，会控制自己的行为，忍一会儿，直到可以吃的时候再行动。

有效掌握阶段：这个阶段的宝宝已经掌握了一些有效的自我控制方法，对自己的行为和情绪进行调节，比如采取转移注意力、同其他人进行协商等方法。

善于自我控制的儿童又可以称为"弹性儿童"。他们有很强的灵活性，对自己的控制程度随环境变化而改变，在需要控制的时候能很好地管住自己，在不需要控制时也能完全放松自己，如同弹簧一样，既能紧，也能松。这样的儿童在学习的时候能够专心学习，在玩的时候也能尽兴地玩耍。

那么，是不是自我控制能力越强越好呢？其实并不是，自我控制有一个适宜的度。

自我控制过度的儿童很少表达情绪，不会直接表达应该表达的需要，行为刻板，有很强的抑制性，做事情不分心，没有主见。他们平时很少惹麻烦，很容易被老师和父母忽视，容易焦虑、抑郁、不合群。

然而，很多父母烦恼的是自己的宝宝学习时太容易分心，一旦想要什么吃的玩的也要马上得到，这是儿童自我控制过低的表现。这样的儿童无法延缓满足，易冲动，情绪多变，在人际交往中带有一定的攻击性。

如何才能提高宝宝的自我控制能力呢？比较常见的做法有：

1. 正确评价宝宝的行为

父母要及时对宝宝的行为做出反馈，宝宝做得对的要积极表扬，同时，宝宝做得不对的也要进行批评，帮助宝宝建立正确的自我评价体系，如欺负别的小朋友是不对的，主动帮助别人是高尚的行为等。需要注意的是，批评的方法要斟酌，让宝宝抱有希望。只有正确认识和评价自己，宝宝才能提高自我控制的动机水平。

2. 在日常生活中树立规则概念

父母可以让宝宝在实际生活中去体验一些常见的规则和要求，如红灯停绿灯行等，让宝宝真正理解和掌握这些规则要求，从而逐渐养成遵守一定规则的行为习惯，逐步提高自我控制能力。

3. 培养宝宝的坚持性

培养宝宝的时间观念，有意识地延迟满足，让宝宝学会等待，在平时要求宝宝坚持做完一件事情后再去做另一件事，帮助宝宝提高自我控制水平。

宝宝的自我控制能力的发展是一个渐进的过程，家长们要从宝宝还小的时候做起，针对宝宝的特点，采取有效措施，促进宝宝自我控制各方面的平衡发展。

让孩子尝到坚持收获的果实

前世界首富比尔·盖茨认为，巨大的成功靠的不是力量而是韧性。如今社会的竞争常常是持久力的竞争，有恒心有毅力的人往往能够成为笑到最后，笑得最好的人，对于孩子来讲，恒心和毅力是成功的必要条件，半途而废、浅尝辄止，那么梦想永远只能是梦想。

心理学家们指出，孩子无论做什么，轻易放弃是不会取得成功的。有时候，孩子多坚持一会儿就会有奇迹出现，多坚持一会儿就能够反败为胜。当事情愈来愈困难时，当失败如同排山倒海般地压过来时，大多数孩子会放手离开，只有意志坚强的孩子才能够坚持到底，不轻易言败，而最后的胜利，也往往属于这些意志坚强的孩子。据心理学家研究，孩子最开始能够坚持去做一件事，是因为他们尝到了坚持的果实。

生物课上，老师在黑板上出了一道题："草履虫有眼睛吗？"对于孩子们来说，这比证明三角形全等有趣多了，于是开始热烈的讨论。

大部分同学认为，既然叫"虫"，当然有眼睛了，不然它怎么看东西呢。但是韦冰却不这么认为，他隐隐约约地记得以前上初中的表哥对自己说过，草履虫是种单细胞动物，没有眼睛，只有鞭毛。于是韦冰告诉周围的同学："草履虫是没有眼睛的。"

听韦冰这么说，大家纷纷质疑起来："你怎么那么确定呢？你的依据是什么？"同桌马小涛甚至说："你敢坚持你的看法吗，如果你赢了，今天的值日我就一个人全包了！"

听大家这么一说，韦冰的心开始打起鼓来："万一我错了多丢脸啊，而且那么多同学都说没有，我应该是记错了吧，可是……"韦冰又想"我隐隐约约记得好像自己的答案没有错啊，要不要坚持下去呢？"

经过激烈的思想斗争，韦冰还是决定坚持自己的答案，结果等老师公布答案的时候，韦冰果然是正确的，知道这个结果的那一刻，同学们都不约而同地鼓起掌来，为了韦冰能够坚持自己，经过今天的事情，韦冰一下子对自己充满了信心，心里甜滋滋的。

心理学家们告诉家长们，一个孩子的恒心和内心的梦想结合以后，就会产生百折不挠的巨大力量。很多孩子的失败并不是因为自己能力不济，而是败在自己意志力不强，很多情况下，成功与失败只是一步之遥。据心理学家研究，孩子不敢坚持自己的看法是因为有的孩子属于"温和派"，很少大胆地向别人说"不行"，父母说什么他们就听什么，有什么反对意见在父母的强行压制下也就烟消云散了，慢慢地就养成了不敢大胆表达自己意见和想法的习惯，总认为别人说的可能是对的，即使自己的意见正确，也不敢理直气壮地坚持。

还有的孩子害怕遭到父母的责骂。如果孩子说出自己的看法后，父母认为孩子的看法相当幼稚并且没有逻辑性，往往会指责孩子"反应迟钝""笨"，于是孩子下次遇到这样的问题，就会为了免于责骂而改变自己的看法。那父母应该怎样教导孩子呢？

一般欧美国家父母的做法是：鼓励孩子发表自己的意见，提出自己的要求，当孩子的意见和要求不妥当时，立即给予纠正，并说明父母不能满足孩子要求的原因。例如孩子认为自己晚上可以玩一会儿电脑，这样有利于调节紧张的学习，如果父母反对，就一定要能说出反对的理由："你是一个自制力不强的孩子，这样会影响你的睡眠，所以我们不同意。"父母还可以给孩子参加家庭会议的机会。比如全家人一起商量是否要买新房，认真参考孩子的意见，把孩子当作一个平等的个体来对待，是对孩子敢于坚持的最大鼓励。

第四章

与人交往好习惯：
一个好汉三个帮

从小培养孩子善于交际的能力

卡耐基曾经说过,一个人的成功,他的专业知识所起的作用是15%,而他的交际能力却占85%。所以,和谐的人际关系以及高强的交往本领,是未来社会判断成功者的重要标准。因为,只要一个人生活在社会中,他就不得不和他人打交道。

人际交往是人与人之间相互联系的一种最基本的方式,是父母在教育孩子的过程中不可忽视的一项内容。如果你的孩子没有同龄的伙伴,那么这样的孩子就会缺乏集体主义的意识。当他们步入社会以后也会无所适从或是不尊重他人,自傲、任性、自私、孤僻,或是封闭自己,种种不良的性格就会出现在他的身上。许多工作都是需要人们通过协作一起去完成的,所以,父母必须从小就培养孩子善于交际的好习惯。

其实不用父母强迫,孩子也总是希望能够和自己差不多大的孩子玩在一起,也希望会有几个在思想上、学习上或者生活中志同道合的朋友,希望可以从朋友那里获得鼓励、信任和支持。在与周围的人相处时,朋友的肯定态度总是多于否定的态度,孩子们就会感到与他人有一种休戚相关、安危与共的情感,并愿意牺牺自己的利益去为他人谋利益。

因此,父母要经常与孩子谈论关于朋友的话题,或是倾听孩子和他的朋友之间所发生的一些事情,千万不要阻拦或过多参与孩子们之间的交往,孩子们之间自有一套评价朋友好坏的标准。即使孩子们在交往中吃了亏,他自己也会从中吸取教训。

既然一个人的交际能力那么重要,父母应该怎样培养孩子善于交际的能力呢?

1. 有意识地帮助孩子结交朋友

一个人不能离开朋友的陪伴,即使是孩子也需要伙伴,友情能使孩子有一种归属感,孩子和他的小伙伴之间会有共同的乐趣,共同的感情,共同的语言,所以孩子们都喜欢在一起。即使他们之间从不相识,甚至语言不通,孩子们也会一见如故,亲热地玩起来。所以,父母应该为孩子创造交友氛围,让孩子们之间建立起温馨美好的感情。在这种气氛熏陶下,孩子们就会相处得快乐融洽。在孩子们相处的过程中,给予他们正确的引导和支持,通过接纳他的朋友、招待他的朋友等种种方法帮助并鼓励孩子与人交友。

2. 鼓励孩子多参加集体活动

父母应该鼓励孩子多参加团体活动,让自己融入集体生活中。在集体活动中做一些自己能做的事情,加强与同学的交往,增加同学对自己的好感和信任。在一个集体中,每个孩子都会有属于自己的智慧和个性,他们会发现自己和别人的不同,也会从中找到适合自己的一个角度。在集体中,也会让孩子无形中产生对一种信念的凝聚力,形成一种共同帮助而忘小我的团体意识。这种意识的形成,有利于孩子在以后的人际交往中,改变那种以自我为中心的傲慢、优越感,使他与大家形成一种融洽、和谐的相处关系。

3. 培养孩子的专长

有位专家说:"友谊是以共同爱好为基础的。如果你的孩子朋友不多,你可以帮助他培养某些爱好,从而认识更多的朋友。"马克思与恩格斯的友谊,就是建立在有共同志向、共同语言等诸多共同爱好基础之上而结出的。所以,父母要挖掘孩子的各种专长,让孩子结交广泛的朋友,拓宽、延长孩子的交际之路。

4. 教给孩子一些交往技巧

随着时代的发展,现在的孩子非常讲究个性,要想与之保持良好的关系也需要一定的技巧。父母可以教给孩子一些交往的技巧,帮助孩子得到同学的友谊。以下这些交往技巧能够帮助孩子在与人交往中获得他人的好感。

(1)使用礼貌用语,如"谢谢""再见""对不起""没关系"等,不要对别人说粗话,做不礼貌的动作。

(2)主动和同学打招呼问好,能帮助打开友谊之门。

(3)在和同学的交往中,宽容同学的缺点和过错,不要为一些小事而斤斤计较。

(4)与人交往要注重的是给予,而不是什么事情都希望得到回报。

（5）不要无故打断他人的讲话，当别人在说话的时候要认真倾听，不可以心不在焉或是只顾做自己的事情。

（6）不要在背后议论别人，也不要打听别人的秘密和隐私，更不可以把别人告诉你的秘密大肆宣扬。

（7）对待别人要真心诚意，讲信用，不欺骗说谎。

（8）不要用捉弄、嘲笑的方式吸引别人注意，这样反而会引起别人的反感。

（9）在和同学的交往中，善于发现别人的优点和长处，多赞美别人，不要因为自己的某些特长而处处炫耀自己。

（10）与他人说话，尽量讲一些两人都感兴趣的话题，不要独自说个不停而不考虑他人的感受。

（11）同学之间交往尽量不要有过多的物质往来。

（12）不对自己的成绩得意忘形，要体谅他人的感情。

（13）学会带领其他同学参与到集体交往中来，组织大家围绕一定的主题交流。

让孩子学会尊重别人

俗话说："不怕没有钱，就怕没尊严。"尊严可以改变一个人的命运。所以，父母要培养孩子从小就要有骨气、有尊严。不仅如此，还要让孩子学会尊重别人的尊严。只有学会尊重别人，才是真正的尊重自己。

让孩子知道，也许只是一个微笑，一声问候，一句夸赞，一个祝福，都可以为人们彼此的沟通与交往架设一座心灵的桥梁。编织一条情感的纽带，在相互尊重中传递出温暖与关爱，接受着祝福与帮助。

现在的人们在考虑怎样处理和别人相关的一些问题时，通常95%的时间是在考虑自己，如果我们多分出一些时间来忘掉自己，好好地想一想对方的优点，不讲任何无价值的奉承话，真诚地评价对方，由衷地称赞对方，表现出你对对方的尊重。那么，你所说的话，他将牢记，并会不断地在他生命的长河中得到重视，一直到永远，你也会成为他所尊重的人。

可是，怎么样才能培养孩子尊重他人的习惯呢？父母可以考虑下面的五点做法。

1. 真诚地欣赏别人

美国哈佛大学的心理学家威廉·詹姆斯指出，人类本性最深的需要是渴望得到别人的欣赏。想要让孩子学会尊重别人，就必须让他学会诚实地、真心地欣赏不同的人，只有这样，他才会找出别人身上的特点，从而让他觉得尊重和敬佩。所以，应该让孩子学会找出每个人身上独特的地方，并欣赏他的特点，从而形成一种习惯。

现在的孩子都喜欢把人分类，诸如老师、学生、家长、孩子、同学、朋友等，并认为只有少数人和他们是同一类的。这样一来就限制了他自己。假如他认为自己喜欢某种人的话,他就会和他所喜欢的那类人走得很近。但是,当他和其他类型的人相处的时候,就会觉得非常紧张。而且和他们不欣赏的人相处的时候就不会找出别人身上的特点,也就不会对别人表现出他的尊重。所以,父母要教会孩子和不同的人相处,不要把自己锁在一个小圈里,要学会欣赏不同人的特点,学会尊重所有的人。

2. 真诚地关心他人

你若不尊重别人,别人也很难尊重你。而尊重一个人最基本的做法就是去关心他。心理学家亚德洛说:"对别人不感兴趣的人,生活中困难最大,损害也最大。"所以人类中的失败,都在这些人当中发生。美国前总统罗斯福非常受欢迎和尊重,一个重要的原因就是关心别人。想要与别人很好的相处,就应学会关心他人、尊重他人。当然,热心助人是要花时间和精力的。比如,孩子要交朋友,他们就有必要记住朋友的生日,并按时致贺,与朋友打招呼挂电话时,都要表现出热忱。

3. 培养感受别人经历的能力

要学会"体会"别人的感受,这将使孩子的生活更丰富。如果孩子经历过某种感受,就可以体会到别人在某个特殊情况下的感觉。譬如,当他还记得心爱的东西被弄坏时的那种感觉,现在他的一个朋友的书包上被人划了一条口子,他就可以体会朋友的那种感觉。他们或许还可以谈一下自己心里的感觉。父母要告诉孩子,要尽量记住别人的话,并且尝试体会他们的经历和感受。

4. 记住别人的名字

美国总统约翰逊,把与人相处的九条原则写在纸上,放在自己的办公桌里。其中第一条就是记住别人的名字,如果做不到,就意味着你对那个人不太关心。许多人往往对自己的事物较有兴趣,尤其是对自己的名字最感兴趣。如果能记住一个人的名字,并能容易叫出,这样会是对一个人最大的尊重。

5. 避免讥讽别人

讥讽别人不仅不讨人喜欢,而且是危险的。因为它伤害了一个人的自尊心,并会激起他人的反抗。所以,父母应该让孩子知道,即使你不喜欢一个人,你可以减少和他的交往或是接触,但是,绝对不能对他有不尊重的话语和行为。

在人际关系中要得到他人的尊重最好的办法就是尊重他人,任何人在心底都有获得尊重的渴望,受到尊重的人会变得宽容、友好、容易沟通。所以,让孩子学会怎么去尊重别人,也就教会了孩子怎么得到别人的尊重。这样,孩子以后踏入社会就会自然而然地对别人表示出尊重。

鼓励孩子多与人接触

社会学家说:"人,是群居的动物。"不错,我们的一生中不可避免地要与他人打交道,也不可避免地要遇到各种各样的人,这些人中有的也许只有一面之缘,有的到最后却成了我们的朋友。

我们自身的性格、事业、生活都和遇到的人有直接关系。

如果害怕与人交流,那么很显然,性格、事业、生活都会遇到很多阻碍。因此,不少专家建议父母:要从小就鼓励孩子多与人接触。

5岁的子航性格开朗,喜欢交朋友。有一次,他跟随妈妈去野餐,在他们的营地旁边,也有一个家庭。子航看到那边有一个小朋友,他的社交能力就开始显露了。他冲着小朋友挥手示意,那边的孩子看到有人挥手,也兴高采烈地回应起来。两个孩子就那样挥来挥去,乐此不疲。就在这个时候,对方的家长看到了子航,一边制止自己的孩子,一边冲着子航叫道:"你敢打他,我就打你。"

很多家长在理智上都是支持孩子认识新朋友的,但是当自己的孩子和陌生人交流的时候,保护孩子的强烈意识往往会遮蔽家长的理智,就像故事中那位小朋友的家长一样。然而这种做法却是非常不恰当的,这会在无形当中给孩子灌输强烈的防备意识,对于孩子日后与人接触交往会产生非常不利的影响。父母应该鼓励孩子多与人接触,接受不同的观念。试想一下,如果故事中的孩子开始和子航这样的孩子玩耍,发现原来陌生人身上也有很好的地方值得学习,与人相处可以得到快乐,也就会易于打开心扉,接纳他人。

在现实生活中,我们会看到有些孩子性格畏缩、躲避、爱哭泣、不敢与人接触,这与家庭的影响有很大的关系。这些孩子的爸妈怕自己的孩子吃亏,对其过分保护,使孩子养成了胆小怕事、遇事退缩的性格。要知道，孩子的社会行为和人际关系对他今后成长都有影响，因此父母要鼓励孩子多与人接触，要注意培养孩子开朗、活泼、善于与人相处的良好性格。

孩子在成长过程中需要接触更多的人，这样才能够提高自己的组织能力和团体意识。人类是群居的动物，依靠集体来抵御侵袭、创造语言、传播智慧。在现代社会，是否有组织能力和团体意识，是衡量一个人能力的重要标准。因此，让孩子接触到不同年龄的人，是孩子成长过程中必不可少的。

当然，对一个孩子来说，适合他们成长的小社会中并不特别强调不同职业的成年人出现，因为他们对新事物的接受和感知能力是有限的，而鼓励不同年龄幼儿间的互动，这对幼儿的智力，特别是思维能力的发展是非常有好处的。这样可以训练他们的思维和表达能力，以及因此感受到的"人气"和"威望"，从而极大地鼓舞他们的信心。

这也是蒙特梭利的一个教育主张——混龄教育。

所谓的混龄教育，就是想办法让不同年龄段的孩子们一起玩耍，这样能够体现出群体互动的复杂性和层次性。不同的孩子在不同的群体当中扮演着不同的角色，比如说在这里是弟弟或者妹妹，到了另一个群体就是哥哥或者姐姐，这样的一种变化会使他们不断适应和接受新的角色。这些角色变化可以让孩子体验到年幼幼儿对年长幼儿的尊重、敬畏、钦佩或嫉妒，同时还能体验到年长幼儿对年幼幼儿的关心、爱护或轻视等，这些复杂的情感体验能给孩子带来巨大的冲击。

多和不同的人一起接触，孩子也将获得丰富的情感体验，由于年龄差异和能力差异，每个孩子都将拥有区别于以往的角色和地位，面对着相对复杂的关系，他们处理问题的能力也会得到相应的锻炼，这对他们的成长是有好处的。

了解到这些，父母也就明白了，应该鼓励孩子多与人接触，努力创造孩子与别人交往的机会，让孩子的生活不孤单，尤其是多和不同年龄段的朋友接触交流，锻炼孩子各方面的能力，这对他们的成长是一笔不可多得的财富。

在社会活动中培养孩子的合作精神

父母教育孩子，应该注重从小就培养孩子的合作精神，让他们懂得 1+1>2 的道理。在现代社会，如果一个孩子能有团结合作意识，并时刻将这种意识转化为自觉的行动，那他长大以后，往往也能在现实生活中争取到更多成功的机会。

星期六上午，一个小男孩在他的玩具沙箱里玩耍。沙箱里有他的一些玩具小汽车、敞篷货车、塑料水桶和一把亮闪闪的塑料铲子。在松软的沙堆上修筑公路和隧道时，他在沙箱的中部发现一块巨大的岩石。

小家伙开始挖掘岩石周围的沙子，企图把它从泥沙中弄出去。他手脚并用，似乎没有费太大的力气，岩石便被他连推带滚地弄到了沙箱的边缘。不过,这时他才发现,他无法把岩石向上滚动,翻过沙箱边框。

小男孩下定决心,手推、肩挤、左摇右晃,一次又一次地向岩石发起冲击,可是,每当他刚刚觉得取得了一些进展的时候,岩石便滑脱了,重新掉进沙箱。

小男孩只得拼出吃奶的力气猛推猛挤。但是,他得到的唯一回报便是岩石再次滚落回来,砸伤了他的手指。

最后,他伤心地哭了起来。这整个过程,男孩的父亲在起居室的窗户里看得一清二楚。当泪珠滚过孩子的脸庞时,父亲来到了跟前。

父亲的话温和而坚定:"儿子,你为什么不用上所有的力量呢?"

垂头丧气的小男孩抽泣道:"但是我已经用尽全力了,爸爸,我已经尽力了!我用尽了我所有的力量!"

"不对,儿子,"父亲亲切地纠正道,"你并没有用尽你所有的力量。你没有请求我的帮助。"

父亲弯下腰,抱起岩石,将岩石搬出了沙箱。

"儿子,记住,一个人的力量终归是有限的,你必须学会寻求他人的帮助,学会和他人合作。知道吗?"父亲语重心长地对儿子说道。

儿子看着爸爸,点了点头。

现代社会是知识经济时代,各行各业的竞争日趋激烈,然而这些竞争并不是靠个人单枪作战就可以取胜的。因此团队合作意识在竞争中越来越重要。

然而，在独生子女比例相当大的今天，每一个孩子的好胜心都很强，孩子大都缺乏这种团结合作意识。这种状况与我们所处的需要合作意识的信息时代很不合拍，十分令人担忧。

对此，父母在鼓励孩子与人交往的同时，更要帮助孩子树立很强的团队意识，培养孩子与人合作的精神。两人为"从"，三人为"众"，我们的社会是由人组成的，社会的发展需要人的团结合作。每个人都要借助他人的智慧完成自己人生的超越，于是这个世界充满了竞争与挑战，也充满了合作与快乐。

对当代的父母来说，在孩子很小的时候就培养他们与人协作的团结精神尤为重要。

一个孩子，一般不会在需要合作的情境中自发地表现出合作行为，他们也不知道应该如何合作。这就需要家长教给孩子合作的方法，指导孩子怎样进行合作。

我们可以为孩子量身打造一些活动，让孩子在活动中体验合作的重要性。例如，在活动中有四个小朋友，但是却只有三件玩具，怎么办？大家都在话剧表演中想演同一个角色，怎么办？……当孩子们在玩的过程中遇到问题了，他们就会想办法协商解决。当玩具不够的时候，他们就会主动想办法，相互谦让，或者是轮流使用，或者干脆大家一起玩，或者找其他的小朋友借。家长可以有意识地帮助孩子设计这样的情境，帮助他们逐渐养成合作的习惯。同时，通过合作，大家一起玩，反而会玩得更开心。

为了孩子的未来，为了孩子的幸福，希望所有的父母都认识到团结合作的重要性，并切切实实地将其贯彻到孩子发展的每一步。

教孩子聪明勇敢地说"不"

家长在教育孩子的过程中，也应该让孩子明白这样的道理：一个主动掌握着自己命运的人，一个不被别人左右的人，一个敢于挑战自我、突破自我的人，一定是一个懂得如何说"不"的人。只有学会说"不"，才能把握住每一个机会去展现自己，去尝试改变。

凯梅从小就是一个老好人，很少对别人说"不"。这种性格在她的学生时代带给了她不少的麻烦，但她却并没有改变。大学毕业参加工作不久，她的这种性格就给她招来了更大的麻烦，这让她很心烦。

她的姑妈决定给凯梅上一堂人生课。于是她的姑妈就假装来到她工作的城市看她。凯梅陪着姑妈在这个小城转了转，就到了吃饭的时间。

当时，凯梅身上只有 50 元，这已是她所能拿出来招待对她很好的姑妈的全部资金。她很想找个小餐馆随便吃一点，姑妈却偏偏相中了一家很体面的餐厅。凯梅没办法，只得随她走了进去。

两人坐下来后,姑妈开始点菜,当她征询凯梅意见时,凯梅只是含混地说:"随便,随便。"此时,她心中七上八下,放在衣袋中的手里紧紧抓着那仅有的50元钱。这钱显然是不够的,怎么办?

可是姑妈似乎一点也没注意到凯梅的不安,她不住地夸赞着这儿可口的饭菜,凯梅却什么味道都没吃出来。

最后的时刻终于来了,彬彬有礼的服务员拿来了账单,径直向凯梅走来,凯梅张开嘴,却什么也没说出来。

姑妈温和地笑了,她拿过账单,把钱给了服务员,然后盯着凯梅说:"傻孩子,我知道你的感觉,我一直在等你说不,可你为什么不说呢?要知道,有些时候一定要勇敢坚决地把这个字说出来,这是最好的选择。我这次来,就是想要让你知道这个道理。"

女孩的姑妈教给了女孩一个道理,那就是在该拒绝的时候要聪明勇敢地说"不",尽管说"不"代表"拒绝",但有些时候,说不也代表"选择",而且是一种必需的选择。

家长应该从孩子还小的时候,就给孩子灌输一些必需的观念:

第一,说"不"是你的权利,你不要因此而自责。很多孩子经常会因为拒绝了同学或者朋友的请求而惴惴不安,害怕同学和朋友因此而疏远自己。这时候,就需要家长告诉孩子,说"不"是一个人的权利,尤其是对一些过分无理的请求,如果这个人是真心把你当朋友,他也一定不会因为你行使了自己的权利就疏远你的。

第二，每个人都有一个自我的存在，不要因为害怕拒绝而丢失了自我。家长应该告诉孩子，当对一些人或者一些事情说"不"的时候，不仅仅是一种拒绝，更是一种选择，选择不去做怎样的人，或者不去做怎样的事情。每个人的一生都会受到无数的诱惑，只有那些勇敢地对这些诱惑说"不"的人，才能成就自己的人生和事业。而且勇敢说"不"并不一定会给孩子带来麻烦，反而是替孩子减轻压力。如果一个人想活得自在一点、有原则一点，就得勇敢地说"不"。

第三，对于自己力所不及的事情，勇敢地说"不"，是对自己负责也是对他人负责。生活中经常出现这样的例子，明明自己不一定能做好，但是不好意思拒绝或者为了保住自己的面子而答应了别人，结果最后不但没有帮到别人，还有可能伤害了自己或者别人。可以说，这是对自己和他人都不负责的表现。

此外，需要家长注意的是，让孩子勇敢地说"不"，不仅仅是让孩子学会拒绝别人的索求，也是学会拒绝别人的给予。家长要让孩子知道，人生的道路很漫长，坎坷之途谁都有。人，最终还是要靠自己站起来，越过这个坎，磨难将是孩子的一笔财富。

总之，学会拒绝是一种自卫、自尊，学会拒绝是一种沉稳的表现，学会拒绝是一种意志和信心的体现，学会拒绝是一种豁达、一种明智。学会拒绝，孩子才能活得真真实实、明明白白，才能活出一个真正完美的自己。

教孩子学会与人分享

分享是一种美德，更是一种快乐。萧伯纳曾经说过："你有一个苹果，我有一个苹果，彼此交换，每个人只有一个苹果。你有一种思想，我有一种思想，彼此交换，每个人就有了两种思想。"分享能够让人减少痛苦，获得快乐。一个人在生活中需要与人分享自己的痛苦和快乐，没有分享，他的人生就是一种惩罚。

现在的孩子以自我为中心的现象，已经成为困扰广大老师和家长的一个严重问题，而孩子的这种自我中心的心理根源于父母的私爱和溺爱。为了不让孩子的爱心枯竭、泯灭，父母不仅要爱孩子，更重要的是要让孩子学会爱。如果父母只是一味地给予孩子爱，对孩子是没有好处的。"溺爱是父母与孩子关系上最可悲的事，用这种爱培养出来的孩子是不会把心灵献一点给别人的。"这是一位教育家的经验之谈。所以，父母在爱孩子的时候，应该教孩子学会与人分享。

与别人分享好吃好玩的东西，对别人说一些关心体贴的话，同情并帮助有困难的人，不计较别人的过错，对别人能够宽容和谦让，孩子的爱心就是通过这样一次次的行为模仿和强化而逐渐形成的。

那么，怎样才能让孩子养成与别人分享的好习惯呢？

1. 让孩子尝到分享带来的乐趣

一般来说，以自我为中心的孩子会有以下三个特点：

（1）自私、故步自封。只看到自己而看不到别人的孩子是不会有什么进步可言的。

（2）缺乏自信。虽然有的孩子表现出骄纵的人格特征，但是就其本质而言，仍然是一种缺乏自信心的表现。

（3）社会性差，不合群。

自我中心作为一种人格特征，它所产生的消极作用和负面影响的第一要素就是自私。这就直接导致了那些以自我为中心的孩子在和外界的交往中会排斥"异己"、拒绝开放、忽视理性力量、回避真诚、吝啬付出、难以与他人合作、缺乏公心（为他人、为集体考虑）。所以，这就需要父母们用一些巧妙的计策把其自私的外壳击碎，让孩子能够拥有一份懂得分享的智慧。父母可以从家庭中的活动做起，父母要与孩子一同参与、共同分享，让孩子尝到分享带来的乐趣。

2. 通过移情引导孩子与他人分享

当孩子还只有几个月大的时候，父母就要让孩子学着与别人分享东西。孩子渐渐长大了，在餐桌上，要让他学着给长辈夹菜；鼓励孩子给爸爸妈妈拿东西；教孩子给客人让座，等等。让孩子做这些力所能及的事，这些都会让他们从中品尝到做了有益于他人的事而给他们带来的喜悦。

3. 父母要学会分享孩子的东西

实际上，在这里所说的"分享"有两层意思：既要教孩子学会分享，还要父母学会分享——而这一点却往往会被父母们所忽视。

很多父母宁可自己受苦也不愿让孩子吃苦,把那些好吃的、好玩的、好用的全都放在孩子的面前。虽然他们在思想上也会担心孩子会成为一个不知道关心别人的冷血儿,但在行为上却不会与孩子分享。在一个家庭中,经常会发生这样的一幕:一个孩子诚心诚意请父母一块吃东西,父母却坚决推辞说"你吃,妈妈不吃",或者"爸爸不喜欢吃油炸的东西,也不喜欢吃甜的东西"。就这样,孩子与人分享的好意被父母给扼杀了。慢慢地,孩子也就养成了吃独食的习惯,那些谦让与分享的习惯也让他们丢到九霄云外去了。

4. 用交换的方法让孩子学会分享

许多孩子在公共场合里玩耍的时候,总是希望自己能够独自占有所有的东西。事实上,孩子的这种行为和想法都是不好的。但是,如果父母一味地批评孩子,则反而会产生相反的作用。遇到这种情况,父母应该鼓励孩子与其他的孩子交换自己的一些玩具或是图书。让孩子学会把东西借给别人,再向别人借东西,通过交换东西而逐渐让孩子学会和人分享。

5. 允许孩子有自己的宝贝

其实每个人都会有不愿意与别人分享的宝贝,孩子也一样。有些东西可能是孩子特别喜欢的,也可能是孩子认为某些重要的人送给他的礼物,这些对孩子来说有着特殊的意义。总之,父母在提倡孩子与人分享的同时也要允许孩子有不和人分享的宝贝,而且要让孩子懂得珍惜自己的宝贝。当其他的孩子来家里玩的时候，父母可以允许孩子把他认为重要的宝贝"藏"起来，不让其他人分享。但是，对于大多数的东西，父母应该要求孩子与人分享。

只有孩子藏好了自己的宝贝，他才会大方地把其他东西借给别人，才会更好地和别人分享。如果父母强迫孩子把所有的东西都与人分享，这不但不合理，反而会激发孩子的逆反心理，让孩子做出相反的行为。

让孩子学会赞美别人

赞美是语言的钻石，赞美有着巨大的威力，赞美是我们乐观面对生活所不可缺少的，是我们自强、自信、自我肯定的力量源泉；赞美是人际关系的润滑剂，还可以约束人的行动，能使人自觉克服缺点，积极向上；赞美的效果常常会出乎人的预料，即使是简单的几句赞叹都会让人感到心理上的满足。向别人传递一个真诚的赞美，能给对方的心灵带来光明。所以，在日常生活中，应该培养孩子去发现，去寻找别人值得称赞的地方，并设法真诚地告诉别人，这样既能给别人的平凡生活带来阳光与欢乐，使生活更加光彩，也会让赞美别人的孩子有一个良好的人际关系。

在人际交往中，赞美要运用得体，它是一种密切人与人关系，消除隔阂，增加双方亲近感的奇妙的"润滑剂"。由于它能使别人获得自尊心和荣誉感的满足，从而有效地削弱了抵触与对立的情绪，这就同时增强了双方的理解、信息和亲近感。赞美可以使人受到鼓舞、不断进取，也能使人盲目自满、故步自封。所以，对别人进行赞美的时候一定要讲究技巧。要记住这样一句名言："赞美词是一把两面有刃的利剑，它能增进人际关系，铲除隔阂；也能刺伤对方的自尊心，破坏关系。"

赞美别人应是一种习惯，这种习惯应该从小就开始培养。那么，怎样让孩子学会赞美别人呢？

1. 赞美别人一定要真诚

赞美绝不是虚伪的胡乱夸赞，也不可以用漫不经心的态度，一定要用认真诚恳的表情来赞美他人。如果别的同学把事情搞砸了，你却"不失时机"地赞美道：你做得真好，我想做还做不到那个样子呢。这个时候，赞美就变成一种讽刺了。不真诚的赞美往往会起反作用，不但不会使别人舒畅，反倒会伤害别人。

实际上，真诚的赞美与虚伪的谄媚有着本质区别：前者看到和想到的是别人的美德，而后者则是想从别人那里得到非分的好处。只有真诚赞美别人的人才能真正得到别人的爱。

赞美有时候没有必要去刻意地修饰，只要是源于生活，发自内心，真情流露，就会收到赞美的效果。

2. 对事不对人

赞美也绝不是阿谀奉承。教孩子赞美别人不能毫无根据，只是说："你真是一个好人！"那样的赞美毫无意义。所以，一定要赞美事情的本身，这样对别人的赞美才可以避免尴尬、混淆或者偏袒的情况发生。比如，当父母带孩子到朋友家做客，朋友准备了美味的饭菜，这时候，父母可以让孩子这么说："阿姨你做的饭真好吃。"而不要只是说："阿姨，你真好。"

3. 可以直接赞扬

以具体明确的语言、表情称赞对方的行为。如赞扬同学的作文写得非常好，就该说："你的作文写得真好，我要是也有你那么好的文笔就好了。"这样的话语既平等，又真实，充满羡慕，让别人觉得很舒服。即使被赞美者知道自己的作文写得没那么好，也会对称赞者平添一份友好的感情。而赞美长辈则应怀着敬佩、尊重、学习的心情。

4. 也可以间接赞美

教孩子以眼神、动作、姿势来赞美和鼓励别人。一般的人对表情和动作的感受远远超过对语言的感觉，有一些场合，人的表情在多数情况下是下意识的，装也装不像，其中所含的虚伪成分是很少的。比如，可以用微笑、惊叹，或是夸张地瞪大眼睛表示对别人能力的倾慕和敬畏，这种方式是容易被对方接纳的。

教孩子专心倾听别人说话

再也没有比专心倾听别人说话的人更礼貌的了。常发牢骚甚至最不容易讨好的人，在一个有耐心和同情心的听者面前，也常常会软化而屈服下来的。

有一位哲人曾经说过："上帝给我们两只耳朵，却只给我们一个嘴巴,意思是要我们多听少说。"这说明,听在人们交往中居于非常重要的地位。善于倾听他人的说话在人际交往中是非常重要的。心理学研究表明,越是善于倾听他人意见的人,与他人关系就越融洽。因为倾听本身就是褒奖对方谈话的一种方式,你能耐心倾听对方的谈话,等于告诉对方"你是一个值得我倾听你讲话的人"。一位名人说:"学会了如何倾听,你甚至能从谈吐笨拙的人那里得到收益。"

事实上,在谈话中,不管什么人都不可能总是处于说的位置上。要使交谈的双方双向交流畅通无阻,就必须善于倾听他人的谈话。善于倾听他人说话的人,懂得"三人行,必有我师"的道理,不仅能够及时地把握对方的信息,弥补自己的不足,不断完善自己,而且能够让对方产生被尊重的感觉,加深彼此的感情,有利于人际交往。

但是,在我们的现实生活中,往往会发现很多孩子非常善于表达自己,但是却不会倾听他人,无法与人在交往中体现出真诚,甚至不愿意倾听他人的建议和忠告。事实上,每一位父母都应该培养孩子倾听他人的习惯,它将使孩子终身受益。

1. 倾听孩子的心声

想让孩子养成倾听他人的习惯,父母必须要有认真倾听孩子心声的习惯,但是,在现实生活中,许多父母都没有做到这一点,他们总是喜欢自己说,而从来不会去倾听孩子。经常会有父母这样感叹:"孩子有什么话总不肯跟我说,我说什么孩子也不愿意听,真是拿他没有办法。"事实上,因为平时父母没有倾听孩子的习惯,而且孩子说的话也得不到父母的重视,所以,孩子才会把自己的想法藏起来。同时,孩子还会感觉到父母是不尊重自己的,从此更加减少与父母之间的沟通。这种后果将是非常严重的。

倾听孩子的心声不仅是了解孩子心灵的有效途径,也是培养孩子倾听他人的重要方法。父母一定要专门抽出时间来倾听孩子的心声,让孩子感受到你对他的重视和赏识。在倾听孩子说话时,父母一定要端正姿态,千万不要摆出一副表面上倾听、实际上千方百计想出一些理由来反驳他的样子,完全不顾及孩子的感受,总是否定孩子的思想,这样孩子便不会再主动与父母交流了。

更重要的是,通过倾听孩子们说话可以了解他们心中的感受。不论孩子提出什么样的问题,父母都要尽可能找时间去倾听,而不要让孩子等你有了时间再说。立即倾听孩子说话,有助于赢得孩子的信任,更有助于培养孩子与人交往,倾听他人的好习惯。

2. 用心倾听他人

有些孩子在听别人讲话时往往会心不在焉,或是左顾右盼,一点都没有用心在听,这种方式是最容易伤害别人自尊的。说话的人往往会觉得自己不被尊重,因此不愿再讲,更不愿讲心里话,谈话不仅无法收到较好的效果,还会影响到双方的关系。

父母要教育孩子在别人愉快的时候分享他人的快乐,在别人痛苦、失落的时候分担他人的痛苦和失落,这种用心与人交往的表现必然会赢得他人的好感。父母要让孩子知道,在人际交往中,孩子不仅需要理解他人的情绪,而且还必须感受和体验他人的情绪。

3. 教给孩子倾听他人的礼仪

倾听他人有许多好处，但是，怎样才能认真地倾听他人呢？

（1）倾听他人的环境最好比较安静，这样可以减少外界的干扰。

（2）交谈时保持冷静的心态，不要受到其他事物的影响。

（3）要面带微笑，不要显示出不耐烦的样子；要让对方感到轻松自如，而不是拘束。

（4）倾听时不要挑对方的毛病，不要当场提出自己的批判性意见，更不要与对方争论，尽量避免使用否定别人的回答或评论式的回答，如"不可能""我不同意""我可不这样想""我认为不该这样"，等等。应该站在对方的立场去倾听，努力理解对方说的每一句话，并可以对他人的话进行重复。

（5）交谈过程中要少讲多听，不随意打断他人的讲话。

（6）倾听的过程当中要运用眼神、表情等非语言传播手段来表示自己在认真倾听。尽可能以柔和的目光注视着对方，并通过点头、微笑等方式及时对对方的谈话做出反应；也可以不时地说"是的""明白了""继续说吧""对"等语言来表示自己在认真倾听。

（7）如果对对方谈到的内容比较感兴趣，可以先点点头，然后简单地表明自己的态度，最后再说"请接着说下去""这件事你觉得怎么样""还有其他事情吗"等，这样会使对方谈兴更浓。

（8）要注意倾听对方说的内容，最好能够在对方讲完后简单地复述一遍,这样可以让对方感到被认真倾听,同时也确保理解了对方所讲的内容。

(9)如果对对方的谈话不感兴趣,可以委婉地转换话题,比如,"我想我们是不是可以谈一下关于……的问题"等。

倾听他人的心声是孩子必须具备的美德。孩子要与人融洽相处,流畅地交流,必须要先学会倾听。倾听他人既是一个听的过程,也是一个学的过程。在倾听他人的过程中,孩子可以从他人的言语中学习到一些自己不知道的知识和他人的为人处事的态度与原则。想要让你的孩子在人际交往中做到最好,倾听是他必须要修的一门课程。所以,父母们,赶快行动起来吧,把你的孩子培养成为一个善于倾听的天使。

让孩子多和同龄人交朋友

齐齐刚上幼儿园,是个活泼调皮的孩子,可是这天妈妈发现,齐齐从幼儿园回来后一声不响的,问他也不说话,妈妈还以为齐齐生病了。好说歹说哄了半天,齐齐红着眼睛说小朋友不喜欢他。妈妈还没问明白怎么回事呢,幼儿园老师的电话就打来了。老师说,今天给班上的小朋友们做了一个小测试,请每一位小朋友挑选出最喜欢一起玩和最不喜欢一起玩的三个小朋友。根据记录,齐齐有三次是被拒绝的,这说明齐齐的同伴交往能力还需要培养,请家长到幼儿园具体商量一下。齐齐的妈妈有点纳闷,孩子也需要培养交往能力吗?

　　婴幼儿间的同伴交往是指在各种因素的作用下，婴幼儿在集体中所形成的一种独立、平等、自愿、互助的友好关系。同伴交往所形成的同伴关系与同伴经验有利于促进婴幼儿身心健康发展，是婴幼儿社会性发展的一种需要，是幼儿社会化的重要途径。

　　研究发现，婴儿在半岁之前会互相接触、互相注视，一个婴儿哭，另一个婴儿以哭来回应等，这些都不是真正的社会反应，因为婴儿并不期待从另一个婴儿那里得到相应的反应。婴儿半岁后才开始出现真正意义上的同伴交往行为。

　　婴儿早期同伴交往可划分为三个阶段：首先是以客体为中心阶段，婴儿的交往更多地集中在东西或玩具上，而不是别的婴儿本身，大部分是单方面社交行为，一个婴儿的行为并不能引起另一个婴儿的反应；其次是简单交往阶段，婴儿之间有了直接的相互影响、接触，婴儿已能对同伴的行为做出反应，经常企图去控制另一个婴儿的行为；再次是互补性交往阶段，出现了更多更复杂的社交行为，婴儿彼此之间相互模仿已经较为普遍，婴儿同伴间的行为趋于互补，如你追我逃、共同进行一个游戏等，婴儿能积极地进行交往，还经常伴随有语言、情绪等反应。

　　影响同伴交往的因素主要有婴幼儿自身因素和环境因素两个方面。

　　婴幼儿自身因素指宝宝的认知能力、性格特征、兴趣取向等，如愿意分享、友好、外向的宝宝更受小伙伴的欢迎。由于婴幼儿自身因素影响，使他们形成了不同类型的交往模式，大致分为以下四种：专一型、受欢迎型、攻击型、忽略型。专一型婴幼儿倾向于和固定的小伙伴玩；受欢迎型婴幼儿多半性格外向，常常乐于接受同伴的请求或共同游戏的邀请；攻击型婴幼儿性格暴躁，常见表现为喜欢骂人、打人，对别人的行为活动进行破坏；忽略型婴幼儿胆小、怯懦，不愿参加小伙伴的游戏或活动。攻击型和忽略型的孩子就是不善于和别人交往或交往手段不恰当的孩子。

环境因素指成人的指导和玩具游戏等，如成人为孩子准备适合一起玩的玩具或游戏，将有助于孩子同伴交往能力的发展。

家长可以从以下几个方面入手，帮助孩子培养交往能力，促进其社会性的发展。

提供良好的家庭环境。家长应该创造宽松和谐亲密的家庭关系，让孩子充分体验到爱和被爱的感觉，以积极的培养环境造就孩子健康积极的身心，这是迈向成功交往的第一步。

以身作则，给孩子学习的榜样。家长待人接物的方式是孩子学习初步的人际交往的最直接对象，积极的交往态度必定会对幼儿产生积极的影响，因此，家长在与邻居、亲友、同事相处中要相互尊重，相互帮助，相互宽容，让孩子在潜移默化中学会交往。

创造更多的交往机会。家长可以经常让孩子把小伙伴邀请到自己家里来玩，或去别的小朋友家里做客，给孩子创造与同龄伙伴交往的机会，指导孩子进行共同游戏，或与孩子一起游戏，如老鹰抓小鸡等，在游戏中培养孩子的同伴交往能力。

第五章

品德修养好习惯：
有素质人人爱

增强孩子的羞耻心

家长常常抱怨自己的孩子对于新买的玩具不懂得爱惜，到处乱抛，新鲜劲一过，又吵着买新玩具；不懂得尊敬长辈，没大没小，好东西抢着自己先享受等。

我们是否想过孩子的这些行为习惯是怎么形成的？作为孩子第一任老师的父母有没有责任？成人在生活中有没有奢侈浪费的行为？父母对老人是否尊敬，是否尽了孝道？我们敢当着孩子的面说我们的言行是问心无愧的吗？如果一个孩子有很好的辨别是非的能力，知道什么是应该做的，什么是不应该做的，相信以上的行为他绝对不会出现。

有一个小男孩从小听妈妈给他讲古代的德育故事。他4岁的时候，有一次妈妈把他抱了出去，在路上看到有两个小朋友在吵架，这个4岁的小男孩很自然地拉拉妈妈的胳膊，对妈妈说："这个小朋友，不可以乱骂人、乱打人。"一个4岁的孩子，没有任何为人处世的经验，他怎么这样果断地做出自己的结论呢？说到根本处：妈妈平时教给他的是什么，他自然就会懂得。这样的孩子相信长大之后也不会在人生的路上走偏，因为他在幼年时代就已经树立了明确的是非观和荣辱观。

父母与子女朝夕相处，父母的一言一行、一举一动都会在孩子的心灵深处埋下种子，对孩子的未来产生重大而深远的影响。孩子的思想观念、政治信仰、行为习惯、兴趣爱好都会或多或少带上家庭的烙印。"孩子是父母的影子"这句话不无道理。历来出身书香门第的孩子自幼就养成勤奋好学的习惯；武术高手的子女自幼就能学一身高超的武艺，就是两个例证。相反，一个家长自己就有酗酒、赌博、小偷小摸、不讲社会公德等恶习，也很难培养出子女的良好习惯和高尚情操来。

还有的家长，自身缺少公德，经常出入灯红酒绿、纸醉金迷场所，吃喝嫖赌无所不能，偷鸡摸狗无所不为。特别是在家庭中，如果一天到晚经常吃喝玩乐，打牌、搓麻将、赌博，甚至吸毒等，对孩子的纯洁心灵会造成极大的创伤。

通过榜样的树立，使孩子有赖以学习和模仿的对象。在确立榜样时应该注意以下几点：

1. 树立生动具体的形象

因为生动具体的形象在整个孩子性格培养工作上的作用是十分重要的。列宁是伟大的无产阶级革命家。一位学生参观过列宁的故居后谈到，"只有当我在高尔克看到列宁的故居时，我才知道真正的朴素是个什么样子：在他房里只有一张普通的饭桌，桌上摆着一个盖着普通灰色漆布的、稍显陈旧的、已坏了的茶杯，挂衣架上挂着一件普通的制服。"无疑，这对这位学生今后形成朴素的性格特征有重要的意义。

2. 让孩子以身边的、同龄的人为榜样

这样可以减少孩子与榜样之间的距离感，便于学习。比如现在有一些小学生缺乏勤俭节约的品质，他们根本不理会父母挣钱的艰辛，花起钱来大手大脚，请客、下馆子，追求穿名牌，骑好车……针对这种问题可以让他们了解全国十佳少先队员杜瑶瑶的事迹，学习她是如何勤俭节约的：

杜瑶瑶的父亲去世后，母亲也病倒了。她每个月只有100元左右的生活费维持母女两个人的生活，一分钱也要掂量着花。由于经常到菜市场去买菜，她对菜价很清楚，并了解到菜价在傍晚最便宜。所以，她傍晚去买菜，多走几家市场，哪家便宜就买哪家的，绝不多花一分钱。

母亲吃剩下的菜她从不扔掉，而是用热水烫一烫后自己吃。母亲食欲不好，剩下的馒头渣一块一块的，别人都劝她扔掉，瑶瑶却舍不得，哪怕一点点。她说："生活让我懂得了什么叫来之不易，今后日子不管多富，我也永远把省吃俭用的好习惯保持下去。"

年龄小，是非判断标准还很模糊，他们主要是按自己喜爱和厌恶的情绪来判断人物和事物的是与非。家长在生活中要耐心地正面诱导、纠正，使孩子通过成人对其行为、言语的评价，逐步认识到自己行为的是非，从而提高分辨是非的能力。如孩子听见某些人说了脏话，于是就跟着学，这时父母需要解释清楚，这句话是骂人的话,不好听,不文明,不要学说等。这样屡经教导,孩子便不致因从众心理而仿学不良行为,进而形成良好的个性品质。

欣赏孩子的善良和有爱心

如果在我们周围没有善良与关爱,那么这个世界将是一块凄凉之地。如果你仔细观察,你就会在许多地方看到,并会感受到善良与爱心的存在。例如在你的家里、左邻右舍、医院的候诊室、孩子的学校里,许多人正慷慨地付出时间、精力与金钱,帮助那些需要帮助的人。他们认为自己从给予别人的帮助中所得到的东西,远远超出从接受别人的帮助中所得到的。实际上,不论是给予者还是接受者,他们都从善良与关怀中获益。正是这一美德,将我们的社会牢牢地凝聚在一起。

8岁的小文和妈妈一起来到商店。当他妈妈正在商店购买晚饭食品时,他决定到商店外面去。这时他看到一位妇女,大约与他奶奶年龄相仿,提着满满的一包东西走向门口。出于本能,他紧走几步,替老奶奶打开了门,老奶奶对他的体贴报以热情的感谢。

不一会儿,一位年轻的母亲走过来了。她一手抱着婴儿,一手提着购物袋。小文再次敏捷地打开了大门,又得到真诚的感谢。后来,又走过来一位手端咖啡的男人、一位老年妇女、两个边走边聊的少年，小文为他们每个人开门，得到每个人的感谢。

小文想象到这些人心里的感受（即使他们都没有说出来），为此而激动不已。

17岁的小梁更了不起。小梁家境贫寒，他较早就帮父母挑起了生活的重担。经亲戚的介绍，他找到一份汽车修配厂的工作。然而，他在那儿刚刚干了两周，便被老板解雇了。回到家中，父亲问他为何被老板解雇，小梁回答说："有一位年轻人到汽车修配厂，取自己前几天送来修理的车。老板一见到这位年轻人，就告诉他说，他送来的车已修理好了。我知道老板在对他说谎，于是便如实相告。老板让手底下的修理工人所做的，只是简单调节一下化油器，而对于这辆车的真正毛病，并没有进行修理。"这位17岁的小伙子知道，来修车的年轻人计划在车修好之后，开车带着全家人前去旅游。如果自己不把实情告诉他的话，那么他的一家人在漫长的旅途中，时时都面临着危险。"我绝对不能让他们出事，哪怕我因此而丢了饭碗。"这位小伙子说道。

父亲眼里闪着光，说道："小梁，你做得好！"

哥伦布大学德育中心主任、儿童心理学家迈克尔·斯卡尔曼说道："如果我们富于同情心，那么当别人处于危难境地时，我们就有一种帮助对方的强烈冲动。"斯卡尔曼把青少年们的美德，归功于他们能够设身处地为他人着想——同情他人。

儿童发育心理学家指出，同情心实际上包括两个方面：对他人的情感反应和认知反应。前者一般在孩子6岁之前发育成熟，后者决定较大孩子理解他人观点和感情的深浅程度。

婴儿1岁前就有对别人的情感反应。如果旁边有孩子哭，婴儿会不断地转向他，并时时随之一起哭。儿童发育心理学家马丁·霍夫曼把这种现象称为"全球同情心"，因为这时孩子还不能区分自己和世界，因而把别的孩子的痛苦视同自己的。

1~2岁时，进入同情心发育的第二个阶段，孩子能清楚地分辨自己和他人的痛苦，并且具备了试图减轻他人痛苦的本能。

6岁时，孩子开始了同情心发育的认知反应阶段，具备了根据别人的想法和行为来看待问题的能力。这种能力使得孩子们知道什么时候该去安慰正哭泣的同伴，什么时候该让他独处。认知同情心无须交流（如哭泣等），因为他们内心明白痛苦时的感受，无论这种感受是否表现出来。

到10~12岁时，孩子们的同情心从认识的或直接看得到的人身上扩展到陌生人身上。这阶段被称作抽象同情心阶段。孩子们对处于劣势的人，无论是否生活在同一社区或同一家庭，都能表示同情。如果孩子对他人表现出仁慈和无私，那么我们就可以说他们已经完全掌握表达同情心技能了。

千万请记住，善良与仁爱是每个正在成长的孩子生命中最基本的要素。透过他们的善良，孩子为世界贡献了一分力量；透过他们的爱心，孩子优化了自身的品格。爱心需要长期培养，它们也能使我们更趋成熟。

让孩子讲信用、负责任

优秀的父母必须让孩子知道，要言出必行，说话算话。要教育孩子对别人讲信用、负责任，首先就要从自身做起，给孩子树立榜样，答应的事情就要做到。只有说话算话的父母才能在孩子心目中树立起威信来。

苏梅有一次到一个英国朋友家去玩，这位英国朋友有个3岁的孩子，非要跟苏梅一块洗澡，苏梅就敷衍她："你先洗我一会儿就去。"等这孩子洗完澡后，苏梅仍没有去，孩子哭了，说苏梅骗她。孩子的妈妈也跟苏梅急了：你怎么能骗孩子呢？你既然答应和孩子一块洗澡，就要跟她洗……

看了这个例子，你有何感想？想一想如果你是文中孩子的妈妈，你会怎么做？

许多时候，你是不是为了达到目的，随口哄哄孩子做出承诺，而后来也没有兑现？

苏梅的行为是中国众多父母的一个典型缩影。

有太多的家长在孩子面前言而无信。比如，孩子哭闹时，父母常用许诺来哄孩子："别哭了，回头给你买辆小汽车。"但父母并不兑现这轻易的许诺。孩子却信以为真，满怀希望地等待着，然而一次次的许诺都不过是"空头支票"，孩子的一次次希望都成泡影。这样下去，孩子不仅逐渐失去对父母的信任，也慢慢地学会了说谎。父母只有在孩子面前信守诺言，才能真正树立威信，同时也会给孩子良好的教育，影响孩子以后的言行。

遵守承诺为君子，诚信待人才显人品。一个信守自己承诺的人，是一个有人格魅力的人；而一个视承诺为儿戏的人，自然不会得到别人的信赖。在家教当中，我们要有意识地加强孩子信守承诺的认识，借以培养孩子的诚信品质。

然而，在现实生活当中，值得我们反思的是，许多家长并没有信守"承诺"的习惯。他们往往向孩子许下这样那样的承诺，但一转身就让其随风而逝，很少有兑现的时候。久而久之，孩子对父母的做法习以为常，也就不会去遵守自己许下的承诺。要知道，承诺是必须兑现的誓言，是不容随便变更的。在哄骗中长大的孩子，已不会对自己的承诺负责，也就常常做出违反诚信原则的事情。

有一个美国孩子，他父亲早逝。父亲去世时留下一堆债务。若按常规，欠债人已去，把他的商品拍卖分掉，债务差不多也就算了。但是这孩子一一拜访债主，希望他们宽限自己，并保证父亲留下的债务分文不少地还掉。后来这孩子果然历20年之功，把父亲留下的债务，连本带息、分文不落地全还了。周围的人都非常感动，知道他是一个可靠之人，也就都非常愿意和他做生意。结果这孩子不但赢得了别人的合作，也赢得了他人的尊敬。

家长应教育孩子在答应别人之前，要慎重考虑自己有没有能力和把握做到，对不能做到的，就不要轻易答应；对比较有把握做到的，也应留有余地，不要大包大揽。

孔子说:"言而无信,不知其可也。"言而有信,是做人最基本的道德要求,在培养孩子的过程中,我们一再强调信守承诺的重要,值得每位家长去身体力行。

父母对孩子必须言而有信、以诚相待,这样,孩子才会对父母产生充分的信任感,也才愿意把自己的心里话告诉父母。父母是孩子的镜子,也是孩子模仿的对象,也只有说话算话的父母才能在子女心目中树立起威信来,才能避免孩子养成说谎的习惯。

以身作则,培养诚实的孩子

美国一位著名心理学家为了研究早期教育对人一生的影响,在全美选出50位成功人士,他们都在各自的行业中获得了卓越的成就;同时又选出50位有犯罪记录的人,分别给他们去信,请他们谈谈母亲对他们的影响。有两封回信给他的印象最深。一封来自白宫一位著名人士,一封来自监狱一位服刑的犯人。他们谈的都是同一件事:小时候母亲给他们分苹果。

那位来自监狱的犯人在信中这样写道:

"小时候,有一天,妈妈拿来几个苹果,红红绿绿,大小不同。我一眼就看中一个又红又大的苹果,十分喜欢,非常想要。这时,妈妈把苹果放在桌上,问我和弟弟:你们想要哪个?我刚想说要最大最红的一个,这时弟弟抢先说我想说的话。妈妈听了,瞪了他一眼,责备他说:'好孩子要学会把好东西让给别人,不能总

想着自己。'

"于是,我灵机一动,改口说:'妈妈,我想要那个最小的,最大的留给弟弟吧。'

"妈妈听了,非常高兴,在我的脸上亲了一下,并把那个又红又大的苹果奖励给我。我得到了我想要的东西,从此,我学会了说谎。以后,我又学会了打架、偷、抢,为了得到想要得到的东西,我不择手段。直到现在,我被送进监狱。"

那位来自白宫的著名人士是这样写的:

"小时候,有一天,妈妈拿来几个苹果,红红绿绿,大小不同。我和弟弟们都争着要大的,妈妈把那个最大最红的苹果举在手中,对我们说:'这个苹果最大最红最好吃,谁都想要得到它。很好,现在,让我们来做个比赛,我把门前的草坪分成三块,你们三人一人一块,负责修剪好,谁干得最快最好,谁就有权得到大苹果!'我们三人比赛除草,结果,我赢得了那个最大的苹果。

"我非常感谢母亲,她让我明白一个最简单也最重要的道理:要想得到最好的,就必须努力争第一。她一直都是这样教育我们,同时自己也是这样做的。在我们家里,你想要什么好东西都要通过比赛来赢得,这很公平,你想要什么、想要多少,就必须为此付出努力和代价!"

小时候,妈妈给孩子灌输的是一种什么样的心态,他长大了便会用什么样的心态去对待身边的事与物,你也可以通过分苹果这样的小事,给孩子灌输一种积极诚实的心态。如果你对孩子撒谎睁一只眼,闭一只眼,不闻不问,听之任之,就会变成一种放纵,孩子会越说越厉害,直至走上邪路。

培养孩子的孝心

大家知道,乌鸦虽然外表丑陋,但在养老、敬老方面却堪称人类的楷模。当乌鸦年老不能觅食的时候,它的子女就四处去寻找可口的食物,衔回来嘴对嘴地喂给老乌鸦,且从不感到厌烦,直到老乌鸦临终,再也吃不下东西为止。这就是人们常说的"乌鸦反哺"。

孝与不孝只在于一个人的心念之间,乌鸦尚知反哺,作为一个人就更应知此道理。只是孩子太小,还没有明确的是非观,他们是否有孝心就看父母的教育了。

近年来,很多家庭患上了"四二一综合征",即四个老人和一对父母共爱一根独苗,溺爱已成为严重的社会问题。研究人员曾对武汉1000个儿童家庭溺爱孩子的情况做了调查,概括出八种溺爱现象,这里摘录一些,便于家长朋友"照镜子"。

1. 过分注意孩子,把孩子当作欢乐的中心,一家人围着他/她转。

2. 轻易满足孩子的物质要求,对孩子有求必应。

3. 对孩子放任自流,生活懒散,允许孩子的饮食起居没有规律。

4. 不敢严格要求,害怕孩子哭闹,只有祈求央告。

5. 不让劳动,剥夺独立要求,一切包办代替。

6. 大人管教不一,当面袒护孩子,导致孩子是非不分,性格扭曲。

7. 给孩子特殊待遇,使孩子变得自私自利。

8. 孩子在家中地位高人一等,处处特殊照顾,如吃"独食"。

长辈盲目的爱是否得到了回报呢?先看看下面这个真实的故事吧。

奶奶六十大寿,孩子非要先吃一块生日蛋糕,爸爸不允许,孩子犯了横:"不让我先吃,你们也别想吃!"一巴掌把生日蛋糕打翻在地。奶奶哭着说:"我爱你12年,你爱我一天也不行吗?"

12年的爱得到的回报却是"爱我一天也不行",令人寒心,发人深省。孩子为什么会这样冷酷无情、自私自利呢?很大程度上是因为父母过于溺爱孩子,没有使他们养成孝敬老人的习惯。

1992年日本青少年研究所进行的一次跨国调查,其对象是日本15所中学的1030名学生,美国13所中学的1052名学生,中国21所中学的1220名学生。问:"你最尊敬的人物是谁?"结果,日本学生认为第一是父亲,第二是母亲;美国学生认为第一是父亲,第二是"球星",第三是母亲;而中国学生前10名尊敬的人中竟没有养育过他们的父母!

现实确定如此,家里有好吃的,老人总是先让孩子尝,孩子却很少请爷爷奶奶吃;孩子生病,长辈更是忙前忙后,百般照顾,而长辈身体不适,孩子却很少问候。那么,被日本孩子尊为第一的日本父亲到底是如何爱孩子的呢?

有个日本小朋友写了一篇作文,叫《懒爸爸》,为什么称爸爸为"懒"爸爸呢?他写道:"我摔倒在地上,哭着要爸爸把我扶起来,可爸爸却用鼓励的眼光看着我,不紧不慢地说:'你自己爬起来嘛。'我只好自己爬起来。我的校服脏了,妈妈要替我洗,爸爸却说:'让他自己洗!'我只好硬着头皮自己去洗。家里的一些东西坏了,爸爸不但不管,还找来工具逼着我去修理,就这样,爸爸'懒'得做的一些事,我却学会了……"

最后,这位小朋友以发自内心的感激之意,深情地写道:"懒"爸爸,你的良苦用心,我真心领会了。

这样的家长反而使孩子感到尊敬,令我们深思。

事实已告诉了我们,今天强化孝敬父母教育的重要性,孝敬父母是孝敬长辈的起点,也是做人最基本的道德,假如孩子连孝敬父母都不懂,又谈什么尊敬其他长辈?谈什么关心他人?

那么,家长应该怎样教育孩子孝敬父母和老人呢?

1. 言传身教为孩子树立榜样

家长要给孩子讲道理,举实例,让孩子明白长辈辛苦劳动换来了一家的幸福,理应受到孩子的尊敬。

俄国作家列夫·托尔斯泰曾写过《爷爷和孙儿的故事》。

爷爷老了,行动不便,吃饭时口水鼻涕一起流出来,儿子、儿媳嫌他脏,不让他同桌吃,把他赶到灶边独个吃。

有一次,爷爷不小心把吃饭的瓷碗打碎了,儿媳破口大骂:"老不死的,以后给你一个木盆吃饭算了。"过了几天,夫妇俩发现儿子米沙拿着斧头好像在做什么东西,爸爸问:"米沙,我的宝贝,你在做什么?"米沙一本正经地回答:"亲爱的爸爸,我在做木盆,等到你和妈妈老了用它吃饭,免得打碎碗。"

这时,这对夫妇猛然醒悟,感到十分惭愧,把自己的父亲请回来,并拿出家里最好吃的给老人吃。

故事的道理很明白,父母是榜样,孩子耳濡目染,自然会学习父母、效仿父母。

2. 要从小事做起

让孩子多体验,如让孩子关心父母健康,参与家务劳动,父母生病时让孩子照顾,端水送药等。

经常让孩子做一些力所能及的事情是很必要的,因为只有在他们有了切身体验之后,他们才能领会父母照顾他们的辛苦,从而知道体谅父母,尽自己的力量帮父母做事,为父母分忧解愁。

父母要使孩子懂得:在家庭中,他不仅有享受父母爱抚的权利,同时又有自己应尽的义务。比如,听从父母对于饮食起居、生活制度和用品购买的合理安排,乐于接受父母的正确要求,并参加一些力所能及的劳动等。在这种和睦的家庭气氛中,孩子对父母的尊敬就会自然养成。

在独生子家庭中,孩子在物质和精神方面都享受到最大的爱,如果这种爱仅仅是向儿女的单向倾斜,而不能实现爱的双向交流,那么这种爱就是畸形的溺爱，甚至还没有脱离动物的本能。只有把大家给予孩子的爱转化为孩子对大家的爱，这才是理性的爱，才是爱的升华。

王凯是个独生子，但他却对爸妈缺少关切之情，也不能正确理解爸妈对他的爱心。为此，父母感到很伤心。在一位教育专家的建议下，王凯的父亲采取了一系列的措施。

双休日爸爸骑车带王凯到公园里玩。回家的路上行人稀少，爸爸问道："你觉得骑车有意思吗？"王凯说没骑过，不知道是否有意思。爸爸问他想不想试一下，王凯高兴地表示同意。于是爸爸骑坐到后车架上，双手伸直了把住车把，王凯跨到大梁上骑车，凭自己的操作使自行车滚滚向前，这使王凯兴趣陡生。可他毕竟还小，骑过800米后就有些体力不支了，额头上也渗出了小汗珠。

最后他喘着粗气停下来，好奇地问："爸爸，你骑车带我上学也这么费力吗？"爸爸说："尽管我力气大些，不过每天也都挺累，尤其是上坡时更费力气。"

星期一爸爸照常骑车带儿子上学。骑到一个上坡处时，坐在后边的王凯忽然跳下来，用一双小手推起车来，爸爸心满意足，真诚地说了一句："感谢儿子，你现在知道关心别人了，这太使我高兴了。"

王凯为什么变了？当然是专家的方法起了效果——让孩子多体验。只有让孩子体验到别人的疾苦，才能激起他们的爱心和同情心，从而促使他们设身处地为别人着想。

3. 父母应树立自己的威信

有威信的父母才能获得孩子的尊敬。父母的威信，严厉打骂"打"不来，单纯疼爱"疼"不来，用钱买它"买"不来，反复说教"说"不来；只有在他们自己模范行为的影响下，在他们对孩子的帮助中，威信才能真正树立。

父母的威信来自他们的事业。当孩子闪动着好奇的眼睛开始观察周围世界的时候，家长就应该向他说明自己的工作。比如，爸爸是一位建筑工人，他可以指着新建的大楼告诉孩子，"这是爸爸亲手建成的，会有许许多多的人高高兴兴的搬进去住。"

让孩子觉得自己的父母很能干，这种自豪感可以让孩子从心底里尊敬、佩服你。

教孩子学会宽容

宽容是一种美德，它像催化剂一样，能够化解矛盾，使人和睦相处。"退一步天高地阔，让三分心平气和。""大肚能容，容天容地，容天下难容之事；开口便笑，笑古笑今，笑古今可笑之人。"这种不注重表面形式的输赢，而注重思想境界和做人水准的高低的行为是高尚的。正如有位哲人所说："宽容是需要智慧的。"

现在的孩子大都以自我为中心，不管发生什么事情，很多人首先想到的是自己,而不是别人。如果别人做错了事,根本没有一点宽容之心,往往会逮住他人的缺点不放。

北京师范大学教育系与中国青少年研究中心,曾经对中小学生做了一次抽样问卷调查。其中,有一个问题是这样的:"当你讨厌的同学需要你的帮助时,而且你能帮助他,你会帮他吗?"对于这个问题的回答,表示愿意的小学生、初中生和高中生分别是59.8%、41.7%和37%。由此可见,虽然不少孩子对于他人的主动求助表示愿意帮助,但是,从小学阶段到高中阶段,表示愿意帮助他人的人数是递减的。在调查中,还有一个问题是这样的:"对于过去欺负过你或严重伤害过你的人,你会怎么办?"对于这个问题,只有29.9%的学生表示会原谅他,有近24%的学生表示很难原谅或绝不原谅,其余的学生则表示原谅但不忘记。从中我们也可以看出,能够主动宽容别人的孩子实在太少了,而事实上,宽容是一种重要的美德。

作为父母,应该充分认识到宽容对于孩子来说不仅是一种待人准则,而且能够保护心理健康。现代科学揭示,宽容有利于一个人的健康长寿。美国密歇根州立大学的研究人员进行的一项研究就发现:当人们想要报复他人时,血压会明显上升;而在宽容他人时,血压则显著下降。因此,作为父母一定要培养孩子宽容的心态。

那么,怎样让孩子学会宽容呢?

1. 不要把世俗的毛病传染给孩子

父母最好不要在孩子面前以自己的眼光议论其他小朋友的缺

点,这样容易让孩子对其他小朋友过于挑剔。相反,父母要尽可能表扬其他小朋友的优点,让孩子明白每个人都是有优点的,不要使自己的孩子产生一种以自己为中心的思想,这非常不利于培养孩子宽容的心态。

父母尤其不要对某些人和事物有偏见,更不要把这些偏见在孩子面前表露出来,从而让孩子在潜意识里也受到这种偏见的影响,而对这些人和事物有偏激的看法。

当孩子的小伙伴来自己家里时,父母对其他小朋友的态度不要过分冷落,也不要过分热情,尤其要教育孩子尊重小伙伴,让孩子平等地与人交往。

2.教孩子换个角度看问题

不管什么时候,父母都可以教孩子学会从别人的角度来看待问题,让孩子把自己置于别人的位置,设身处地地站在别人的角度来思考问题。

在日常生活中,父母要鼓励孩子参与多元化的活动。无论孩子年纪多么小,都要鼓励他接触不同种族、宗教、文化、性别、能力和信仰的人,这有利于孩子与不同的人坦诚相待,遵从规则,平等竞争。

3.教孩子善待他人

"要想公道,打个颠倒"。宽容是一种美德,在生活中,即使别人错了、无礼了,你若能容忍他人、宽容他人,同样能获得信任和支持,同样得到别人的友善相待。

在教孩子善待他人的时候，父母可以通过角色互换的方法让孩子摆脱以自我为中心的不良想法，学会心中有他人，宽容他人。父母应该教孩子对其他小朋友多一点忍让，多一份关心，这样别人也会遇事宽容自己，体谅自己，为自己着想。事实上，只要孩子学会了宽容，他就会赢得朋友，就会真正体会生活的快乐。

4. 父母要起表率作用

父母本身具备的品德，一般在孩子身上都可能找得到。因此，父母首先要为孩子创造一个良好的家庭环境。一个整天吵闹不休的家庭，是很难造就出一个具有和蔼品质的孩子的。父母对他人的热情、平等、谦虚等处世原则和行为，是孩子最好的直观而生动的教材，会在潜移默化中培养出孩子尊重别人、爱护别人、和谐相处的良好品行。

5. 创造一个和谐的家庭环境

让孩子生活在一个宽容友爱、温馨和谐的家庭环境中，用父母的言行影响孩子，这样，孩子就会逐步形成一种持久的宽容忍让的善良品质。

孩子的宽容心是一种非常珍贵的感情，它主要表现在对别人过错的原谅。这种感情对于孩子个性的健康发展，尤其是感情的健康发展以及对良好关系的建立有着非常重要的意义。宽容的人，时时刻刻都会受到人的爱戴。因此，他们更加容易处理好各种人际关系，能够很快地适应各种不同的环境，能够融洽地与人合作，充分挖掘自己的潜能。富有宽容心的孩子往往心地善良，性情温和，惹人喜爱，受人拥护。

然而，在现实生活中，总有那么一些人，心胸狭隘，小肚鸡肠，处事总是持"宁可我负人，不可人负我"的态度。对别人的不是，甚至并非不是之处也斤斤计较。往往使一丁点矛盾进一步恶化，最终酿成祸患。轻则使人受伤，重者致人命亡。作为父母，这些道理要对孩子讲清楚。

穿梭于茫茫人海中，面对一个小小的过失，一个淡淡的微笑，一句轻轻的歉语，就会带来包涵谅解，这就是宽容。不要苛求任何人，要以律人之心律己，以恕己之心恕人，这也是宽容。宽容地待人，待事，待自己，善待一切存在。让孩子知道，因为宽容，我们知道了幸福的真正意义，因为只有宽容，世界才会越来越多姿多彩的。

让孩子知道谦虚使人进步

谦虚是一种美德，"枝横云梦，叶拍苍天，及凌云处尚虚心。"我国古代诗人曾以竹子来歌颂谦逊的品格。谦虚也是一种求实的态度。它能使人比较清醒地认识自己所取得的成绩和存在的问题，比较清醒地认识主观与客观、个人与集体的关系。孩子也必须明白，骄傲是谦虚的对立面，是前进的大敌，是失败的阴影。一个人的成绩都是在他谦虚好学、俯下身子实干的时候取得的。当他什么时候骄傲了，自满自足了，那么他就必然会停止前进的脚步。

而骄傲自满、故步自封不但是个人成长进步的障碍，而且还会造成伙伴关系的紧张。

所有骄傲的人都会这么认为：自己有学识、有能力，或有功劳；而谦逊的人却总是习惯于认为自己还差得很远。骄傲的人也许真的有其骄傲的资本，然而谦虚的人难道就真的没有让他们产生骄傲的条件吗？

实际上，使一个人产生骄傲的真正原因并非饱学，而是因为无知。同样，一个人会谦虚也不是因为他差得很远，恰恰相反，他甚至会超越那些自以为是的人。谦虚与骄傲的原因在于一个人的总体修养如何，而不在于是否多读了几本书或是多做了几件事。

希腊古代大哲学家苏格拉底的一则小故事，可以充分说明这个问题。

苏格拉底是古希腊哲学家中最受人尊敬的一位。他不仅学识渊博，而且非常善于辨析，不管是谁提出的任何问题，只要到了他的手里，没有不迎刃而解的。尽管这样，他还是非常的谦虚，从来不以权威自居。

由于博学而且谦逊，苏格拉底被公认为最聪明的人，好像没有什么事情是他所不知道的。但是苏格拉底却一点也不这样认为。他说："不可能！我唯一知道的事情是，我一无所知。"

但众人仍异口同声地称赞他是天下最聪明的人，并建议他到山上的神庙去占卜，看看天神的意见如何。于是苏格拉底来到神庙去占卜，占卜的结果明白无误：他确实是天下最聪明的人。面对神谕,苏格拉底无话可说了,但是口里仍然喃喃自语:"我唯一知道的事情是,我一无所知。"

像苏格拉底这样博学多才的大哲学家却认为自己什么都不知道,可见他是多么谦虚,这种谦虚可以让他不断地进步。但是却有很多人认为自己天下第一,这样的人,哪有不跌跟头的。

在现在的社会家庭环境中,一些独生子女往往不能正确对待荣誉与成绩,他们之中有的会因为骄傲自大而看不起同学,有的会因为自己成绩拔尖而逞能,有的会产生盲目自满的情绪,有的会有一点进步就沾沾自喜,甚至有的会把集体的成绩看成个人的,这些表现将会使他们不再进步,甚至会脱离同学、脱离集体,进而失去目标,成为一个后进同学。不过父母也不用太过紧张,可以通过各种途径来帮助孩子找到其骄傲的原因。

首先,家长要向孩子讲明谦虚使人进步,骄傲使人落后的道理。一个人如果谦虚就会永不自满,就会不断学习新的知识和新事物,他们会学习别人的长处和一些先进的经验,进而使自己不断进步。而一个骄傲的人就会自满自足,故步自封,他会认为自己什么都掌握了,也就不会学习别人的优点长处和新知识新事物。这样,他就会原地踏步,就会掉队。此外,谦逊的人能虚心好学,尊重他人,团结他人。而团结谦逊的结果往往能凝聚起更大的力量,取得更大的进步。而骄傲自满瞧不起别人,往往会自以为是、盛气凌人、伤害别人、影响团结、导致失败。所以谦逊会迎来成功,而骄傲最终只会导致失败。

其次，在培养孩子的谦逊品格时，还应当结合讲道理、多举实例的方法。"勤于学，严于分，善于比"的教育方法，很值得借鉴和参考。

勤于学，就是让孩子不断学，让他知道，取得了一点成绩并没什么了不起，只要你继续学习，就会发现自己原来这个也不了解，那个也不明白，这样，他就会知道自己有很多不足的地方。所以，当孩子在某个领域取得一些成绩后，不要让他产生骄傲的情绪，一定要让他继续学习。为他确立新的目标，只有这样他才会知道自己原来还有那么多东西不会，而自己所取得的成绩实在不值一提，正所谓"学问茫茫无尽期，为人第一谦逊好"。

严于分，就是要严于解剖自己。每当孩子取得成绩后，父母一定要和孩子一起冷静分析，用"两点论"来看待自己，要告诉孩子寸有所长、尺有所短的道理，而每个人总是有长处也有短处。所以既要看到自己的优点，也要看到自己的不足。这种方法可以有效防止骄傲情绪的滋生。

善于比，就是要教育孩子以己之短比人之长，和比自己强的人比，找差距，确定自己应该向别人学什么。应该知道"山外有山，人外有人"。有首民歌写得好：山外青山楼外楼，英雄好汉争上游，争得上游莫骄傲，还有英雄在前头。

我们还要让孩子认识到：他自己现在年龄还小，知道的少，经验也少。所以，必须要认真学习，向成人学习，向别的小朋友学习,要知道"三人行必有我师"的道理,只要虚心学习就能向任何人学到东西;如果他一旦产生了骄傲的情绪,他就会变得看不起人,也就不可能前进,结果必然会影响到自己的进步。

此外,在家庭生活中,父母不要代替孩子做他自己该做的事,让孩子自己学会思考问题,以免孩子以为世界上的一切事情都很容易。如果有可能的话,家长甚至可以有意识地制造一点困难让孩子去克服,使孩子认识到不管做什么事情都并不是那么容易,在人生的道路上还有很多困难等着他去解决,从而就会促使孩子虚心学习,取人之长,补己之短,不断进步。

培养孩子助人为乐的品格

现在的很多孩子都是独生子女,这些孩子在家里面也都是处于一种随时被照顾的地位。这就减少了他们去关心、照顾别人的机会,有的甚至会很少想到别人,除非是他们需要别人帮助的时候。这一切看起来是自然而然形成的,可是,这些却非常不利于孩子的成长,不利于孩子形成优良的品格,不利于孩子长大后进入社会和人相处,甚至会妨碍到孩子的学习以及事业上的成功。

乐于助人是一种高尚的品质。这对于一个孩子来说,可能会难以理解,因为他们可能对此没有明确的认识,还不懂得它的社会意义。可是孩子们都是极富同情心的,他们的同情心就是培养他们乐于助人的精神基础。

乐于助人的对立面就是自私，自私是一种人的本能反应，这种本能是必须靠道德的约束力才能加以约束的。有些孩子会喜欢主动帮助别人，会把别人的事当作自己的事情来对待；有的孩子则对别人的事丝毫的不关心，认为那是别人的事情，跟自己没有什么关系，这就是一种自私的表现。一个自私的人的生活是毫无乐趣可言的，因为他没有朋友、内心孤独。一个自私的孩子也只会远远地看着别人在一起玩的兴高采烈，自己一个人站在旁边，这只是因为他的自私让伙伴都远离他。所以，父母一定要培养孩子乐于助人的好习惯，因为这不只是在帮助别人，同时也是在帮助你的孩子健全他的性格。

父母培养孩子助人为乐的品格，可以从以下五点做起：

1. 尊重他人

培养孩子帮助别人的习惯也和培养孩子其他方面的习惯一样，一定不要强迫他去做什么，而是要让他把这些作为一种助人为乐的习惯。让他从家庭中懂得仁爱、友情、亲情、付出与给予等方面的善行给他所带来的喜悦。

想要让孩子懂得礼貌让座、尊老爱幼、不欺弱小的道理，首先要让他学会去尊重他人，并且要付之于行动，只有这样，他才会真诚地并且是不图回报地去帮助别人。在日常的生活中，父母要经常向孩子灌输一些关于尊重他人、乐于助人的事例，还要让孩子知道为什么那些帮助他人的人会受到那么多人的爱戴。让他从中认识到尊重别人、以诚相待是受世人关注与爱戴的原因；让他明白尊重他人等于尊重自己、给予与付出对等、爱是一种双向的相互关系。

2. 与人分享

不懂得和别人分享的人是自私的，这种人是从来不会去帮助别人的，即使是他做了什么帮助别人的事情，也可能是另有所图的。所以，想让孩子养成帮助别人的习惯，首先应该让他学会和人分享，让他体会到和人分享的乐趣。

在一个阳光明媚的星期天，妈妈带着女儿去公园玩，来到一个小亭子里，妈妈打开装零食的小书包，女儿拿出她最爱吃的小熊饼干快乐地享受着。这时，一个哭泣的小男孩也来到了小亭子，并且一边哭一边叫妈妈。妈妈对女儿说："这个小弟弟可能是找不到妈妈了，我们把他送到公园管理处，好吗？"女儿点点头。妈妈再看向小男孩，只见他眼带泪花地看着女儿手中的小熊饼干。女儿好像也察觉到了，于是下意识地用手捂住了小书包。"如果是你找不到了妈妈，现在又急又饿，你希不希望吃一块饼干？"妈妈耐心地引导女儿。女儿想了想，把手伸进了书包，拿出了她最爱的小熊饼干。

虽然孩子的年龄小，但是他们有着善良的心地和单纯的想法，所以父母要鼓励孩子的参与意识和分享意识，使孩子对帮助别人产生兴趣，并且通过帮助别人可以得到一种满足感，经过时间的锤炼，孩子的这种美德意识就会在他们体内生根发芽，并且逐渐在他们心中形成一种可以影响他们今后人生的良好品质。

3. 鼓励孩子帮助别人

在日常的生活中，父母要用鼓励的方式让孩子帮助父母做一些他们力所能及的事情，这样可以增强孩子助人为乐的责任感；还可以通过讲道理的方式让孩子知道，如果一个人只想到自己而不能给予别人帮助，那么，他就是一个自私的人。当然，这样的人就会被孤立起来，同样得不到别人的尊重和帮助。所以，让孩子迈出助人为乐第一步，就一定要鼓励孩子去帮助别人，这点非常关键。

有时当孩子准备把座位让给一位老人时，父母不要因为心疼孩子而阻止孩子的善行，应该给予鼓励、欣赏、赞扬，证实他的做法是非常正确的。

4. 以身作则

父母在对孩子进行教育的时候，一定要身体力行、以身作则。要知道，一个人的品质和习惯并不是一时之间就能够养成的，也不是说只通过一次教育就可以成功的，而是要经过长期而有效的教育以及各个方面的努力、多方面的原因才有可能形成的。这段时间，父母的引导和示范起到了不可忽略的作用，但是，如果父母给孩子做了一些不好的榜样，那么所做的所有努力就会功亏一篑。所以，在让孩子养成帮助别人的习惯时，父母一定要身体力行地去帮助他人，这样的教育不需要语言的说教，只是一种环境的熏陶。

5. 寻求帮助

一般孩子在3岁左右就已经开始有了独立的愿望，并萌生自我意识。那时候的他们不愿意接受别人的帮助，尤其是对父母的包办或摆布会产生反感。他们更喜欢自己动手去做，即使做不好也不会寻求援助。有时候，本来是一件通过别人指点就可以解决的事情，就因过不了"自尊"的关卡而使他对事物认知停留在一知半解的范围内。所以，父母应该让孩子去寻求别人的帮助，告诉他谁都有解决不了的事情，都会有需要别人帮助的时候，让他明白向别人求助并不表示自己是个弱者，也不是一件丢人的事情，而是非常正常的。

父母在培养孩子助人为乐的时候，还一定要注意对孩子品德的培养。父母一定要以身作则地教导孩子：要学会尊重他人，不论别人身份高低贵贱；当别人需要帮助时，不要视若无睹，要毫不吝啬地贡献你的力量；平时要多体谅他人，多替别人着想；乐于助人，尊老爱幼；帮了别人无所求，得到帮助一定要知道感恩……鼓励孩子从多方面加强修养，提高孩子的觉悟，唤起他的良知，使他认识到自己的善行会给他人带来的快乐。使他们在善与恶、美与丑、真与假的斗争中反省自己并取得进步。

培养孩子乐于助人的品格，还要有赖于家庭成员特别是家长的榜样作用。孩子是父母的一面镜子，家长的行为，常会在孩子身上反映出来。因此，家庭成员间互相关心、邻里间的互相帮助等，能直接影响到孩子。

对不正常的占有欲要及时纠正

玲玲今年2岁了，长得粉雕玉琢，又漂亮又可爱，非常受大家的喜爱。这天，妈妈的同事带着小女儿到家里做客，妈妈拿玲玲的毛绒小熊给小姑娘玩。谁知道，玲玲一见，马上跑过来，一把抢过来，大声地喊："这是我的！"妈妈又拿来玲玲早就丢在一边的小汽车给小客人，玲玲又抢了过去，紧紧抱在怀里，就是不松手，妈妈让她拿出来，她就放声大哭。妈妈觉得很丢脸，客人走了以后，妈妈狠狠地批评了玲玲。之后，妈妈又很担心，玲玲的占有欲这么强，以后怎么跟别人交往？

其实，玲玲的妈妈不用担心，玲玲的"占有欲"是这个时期孩子的正常表现。

这种"占有欲强"的现象在1岁前和3岁后的孩子中较为少见。因为1岁前的儿童，以个体活动为主，自我意识发展不够，还不能区分自己和客体的区别，可能会抢玩具，也可能会主动给别人。而3岁后的儿童，自我意识已有一定发展，能清楚地区别主体和客体的关系，而且头脑中已经有了"我的""你的""他的"概念，懂得玩别人的玩具需要借。

但是，儿童在18个月大到3岁期间有一个非常核心的任务，就是自我意识的建立。这期间儿童会非常积极地全副身心投入到自我意识的构建当中，这是儿童意识发展的一种本能。

这个阶段孩子的典型表现是占有欲很强，把"我""我的"

挂在嘴边，时时刻刻都特别关注自己的物品的所属权，会跟别的小朋友争抢玩具，喜欢把属于自己的东西寸步不离地带在身边。

在该时期的儿童眼中，在他周围的一切，凡是他所看见的，都是属于他的，他通过对物品专属的占有权，通过不断地宣示"我""我的"，而建立起强烈的自我意识，通过对物品的占有，巩固自我认同并增强安全感。

在此期间，一旦有别人侵犯了属于他的东西，比如玩具等，他就一定要争抢回来，不达目的决不罢休，即使是价值微乎其微，甚至是他已经丢弃的玩具。这是因为，儿童在建构他的自我意识的过程中，已将"我的"物品视为他自身的一部分，当其他的小朋友触动到属于他的玩具，孩子将会感受到如同自身被侵犯般的痛苦。

从另一方面来说，孩子的占有欲强代表他自我认同感提升，这也是个好现象。家长在遇到孩子独占、争抢东西时，不要简单地归咎为孩子自私自利，采取简单粗暴的教育方式，也不宜在孩子哭闹时马上满足，否则孩子会以为只要哭闹就能得到满足。要尊重孩子在这阶段的心理需求，帮助孩子成为一个自信、独立，且稍长后即懂得分享的人。

不要强迫孩子分享。这种做法将使孩子觉得连父母都想抢走他的东西，孩子在表面上不得已接受父母的做法，但是由于自我意识建立不完全，会促使他占有欲更强。家长要尊重孩子的自我意识，接受并善加引导。

承认孩子的所属权。家长应该给孩子明确的支持,比如带着孩子在室内走走,并告诉他,哪些是专属于他的东西。同时也要明确告诉孩子有些东西不属于他,不如可以先从身体开始,告诉孩子"这是妈妈的眼睛,不是宝宝的",帮助宝宝早日建立所有权的概念。

培养孩子分享的好习惯。教导孩子学会分享,比如给家人买东西时每人一份,帮助孩子发现分享的快乐,减轻独占的心理。教会孩子交换、借与还的概念,比如拿苹果跟孩子换梨子。

树立榜样进行暗示。在别的孩子表现出分享行为时,要进行夸奖,大加赞扬,鼓励孩子向他们学习,孩子肯定也不甘落后。也可以通过讲故事来暗示孩子,比如大方的小猫咪咪很受大家欢迎,小气的狐狸大家都不喜欢,没有朋友等。

当然,如果孩子在3岁以后依然不会分享,无论见到什么都说"这是我的""要!要!要!",那么爸爸妈妈就需要关注一下孩子的心理问题了,因为占有欲过强的人极有可能发生心理病变。当孩子发生心理病变的时候,他会在爱和占有之间选择占有,这种不正常的占有欲会促使他们迫不及待地去抢夺自己想要的东西,然后用尽一切办法去保护自己抢到的东西。

其实这种病态的占有并不是孩子的本性,最初他们只是对物品好奇,但是如果好奇发展成了物质对他的吸引,那么他就会占有物质,就会变得贪婪自私,成为物质的奴隶。

因此,家长在面对孩子的"占有欲"问题时,首先要确定这是他成长过程中的正常现象还是他已经变成了对物质病态的追求。如果是前者，就要注意培养孩子的自我意识，同时慢慢引导他学会分享；如果是后者，就要学会转移孩子的注意力，帮助孩子培养更多的兴趣，分散他对物质无止境的需求。如果情况很严重，要主动去寻求心理医生的帮助。